Rüdiger Bludau
Riesenschnauzer

Herausgegeben unter dem Patronat des
Verbandes für das Deutsche Hundewesen e. V.,
44141 Dortmund

Rüdiger Bludau

Riesen- schnauzer

Praktische Ratschläge für Haltung, Pflege und Erziehung

3., neubearbeitete Auflage
Mit 31 farbigen Abbildungen

Parey Buchverlag Berlin 1997

Parey Buchverlag im
Blackwell Wissenschafts-Verlag
Kurfürstendamm 57, D-10707 Berlin

Das Kapitel „Gesundheit" wurde von Dr. med. vet. Peter Brehm verfaßt; das Kapitel „Ernährung" von Dipl. vet. med. Lutz Salomon.

Die Wiedergabe von Gebrauchsnamen, Handelsnamen, Warenbezeichnungen usw. in diesem Buch berechtigt auch ohne besondere Kennzeichnung nicht zu der Annahme, daß solche Namen im Sinne der Warenzeichen- u. Markenschutzgesetzgebung als frei zu betrachten wären und daher von jedermann benutzt werden dürften.

Die Deutsche Bibliothek – CIP-Einheitsaufnahme

Bludau, Rüdiger:
Riesenschnauzer : praktische Ratschläge für Haltung, Pflege und Erziehung / Rüdiger Bludau – 3., neubearb. Aufl. – Berlin : Parey, 1997
  (Dein Hund)
  Früher u. d. T.: Der Riesenschnauzer
  ISBN 3-8263-8467-9

1.–2. Auflage: © 1975 Verlag Paul Parey, Hamburg
3. Auflage: © 1997 Blackwell Wissenschafts-Verlag, Berlin · Wien

Einbandgestaltung: Rudolf Hübler, Berlin, unter Verwendung eines Fotos von Roberto Tierfotografie, Gronau
Satz und Repro: Type-Design, Berlin
Druck und Bindung: Grafos S. A., Arte sobre papel, Barcelona

Gedruckt auf chlorfrei gebleichtem Papier

Printed in Spain · ISBN 3-8263-8467-9

Zum Geleit

Der Pinscher-Schnauzer-Klub 1895 e. V. (PSK) begrüßt das Erscheinen dieses Buches über Riesenschnauzer und dankt Verfasser und Verlag. Anfang dieses Jahrhunderts hatten die Züchter erkannt, daß im Rassehund die Vererbung seiner Formen und Anlagen durch Generationen bewährter Ahnen fest verankert und so auf das beste gewährleistet ist. Schönheitsfanatiker waren die ersten Züchter von Riesenschnauzern bestimmt nicht. Aber sie erkannten damals bereits seine vorzüglichen Eigenschaften wie Wachsamkeit, Schärfe, Treue, gepaart mit Mißtrauen gegen Fremde. Unter den für den Polizeidienst geeigneten Rassen wurde 1908 schon der „Münchener", auch „Riesenschnauzer" genannt. Die Bezeichnung Diensthundrasse wurde auf besonderen Beschluß des Deutschen Kartells für das Hundewesen später dann erst nach gezeigten Leistungen vergeben.

Der Riesenschnauzer, der überwiegend in Schwarz, aber auch in Grau, d. h. in „Pfeffer-Salz", gezüchtet wird, gehört zur großen Familie der Pinscher und Schnauzer und wird vom Pinscher-Schnauzer-Klub 1895 e. V. betreut. Der Riesenschnauzer ist das „Flaggschiff" unseres Vereins. Gerade in der letzten Zeit erfreut er sich einer immer größeren Beliebtheit; Ausstellungen, auf denen 40 bis 50 dieser stattlichen Hunde gezeigt werden, sind keine Seltenheit mehr. Auf Leistungsprüfungen sind sie schon ein gewohntes Bild.

Die hier vorgelegte Arbeit von Rüdiger Bludau kommt zur richtigen Zeit. Interessenten an Riesenschnauzern sollten sich zunächst durch Lesen seines Buches unterrichten, dann in aller Ruhe Züchter aufsuchen, sich erwachsene und junge Hunde ansehen und anschließend erst auswählen, gerade so, wie es der Verfasser anleitend und sachdienlich beschrieben hat.

Ich wünsche dem Buch viel Erfolg und den Freunden des Riesenschnauzers den Nutzen davon.

Wilhelmshaven, im Sommer 1988
Peter Burtzik
2. Vorsitzender des
Pinscher-Schnauzer-
Klubs 1895 e. V.

5

„DER FORMULA QUALITY STANDARD SETZT NEUE MASSTÄBE IN DER HUNDE-ERNÄHRUNG."

(Dr. Ivan Burger, leitender Ernährungswissenschaftler in unserem Waltham® Centre für Heimtierhaltung und -ernährung)

Neue Erkenntnisse in der Hunde-Ernährung fordern neue Maßstäbe: Den **FORMULA QUALITY STANDARD.**

Dieser Standard ist das Resultat eingehender Studien unserer Ernährungswissenschaftler und Tierärzte in **Waltham®**, der Welt-Autorität für Heimtierhaltung und -ernährung.

Der **FORMULA QUALITY STANDARD** verlangt höchste Qualität der Zutaten und gewährleistet eine optimale Verdaulichkeit. Außerdem werden **Protein-Quelle,** Beschaffenheit der Kohlenhydrate,

Vitamine und auch Mineralstoffe in der Hunde-Nahrung genau festgelegt, um das Risiko sensibler und allergischer Reaktionen so gering wie möglich zu halten.

Das Ergebnis: Die **ADVANCE FORMULA Range**. Hunde-Nahrung, die vollständig diesen höchsten Maßstäben entspricht und exakt auf Hunde ausgerichtet wurde, bei deren Ernährung **spezielle Ansprüche** erfüllt werden sollen.

Und welchem Standard entspricht die tägliche Ernährung Ihres Hundes?

Mit unseren Tierärzten entwickelt, von erfolgreichen Züchtern empfohlen.

ADVANCE FORMULA. Im führenden Fachhandel erhältlich. Bezugsquellen nennen wir Ihnen unter: 01 30/12 22 23

Inhalt

Wesen des Riesenschnauzers

Der Riesenschnauzer, gleich ob Rüde oder Hündin, verfügt in allen uns bekannten Fällen über ein hervorragendes Wesen: liebevoll und anschmiegsam, bärenstark, ausdauernd und wachsam mit einem gesunden Mißtrauen gegenüber fremden Personen; keinesfalls bissig, sondern berechenbar, wenn man ihn zum Freund gewonnen hat und wenn die Rudelordnung im Hause stimmt. Also, ein Familienhund, der trotz seiner Größe und Robustheit sehr anpassungsfähig ist. Züchter anderer Rassen werden natürlich Gleiches behaupten, jedoch hören wir immer wieder bei einem Wechsel zum Riesenschnauzer unsere Meinung bestätigt. Wie gesagt: Der Riesenschnauzer ist kinderlieb, ruhig und trotzdem mit manchmal überschäumendem Temperament ausgestattet. Er ist kein Kläffer und in Wohnung sowie Zwinger gleichermaßen gut zu halten. Außergewöhnliche Liebebedürftigkeit bedingt allerdings konsequenten Familienanschluß.

Die Annahme, daß der Riesenschnauzer ein sogenannter Einmannhund ist, kann in dieser Endgültigkeit nicht von uns bestätigt werden; fest steht aber, daß er bei der Ausbildung einem Führerwechsel sehr abgeneigt ist.

Viele uns bekannte Leistungssportler behaupten, der Riesenschnauzer wäre in der Ausbildung äußerst schwierig und daher nur bedingt als Sporthund geeignet. Abgesehen von der teilweisen Richtigkeit dieser Meinung haben Riesenschnauzer bewiesen, daß sie auch im Leistungssport ihren Mann stehen.

Der Dickkopf unseres Riesenschnauzers und die damit verbundene längere Ausbildungszeit sind allerdings wohl der Hauptgrund für entsprechende Beurteilung.

Mit Geduld und Ausdauer angeleitet, bereitet er jedoch viel Freude, zumal unserer Meinung nach das Zusammenleben auf dem Übungsplatz im Gegensatz zum normalen täglichen Kontakt verhältnismäßig gering zum Tragen kommt.

Rassekennzeichen

Der folgende Auszug aus dem allgemeinen Rassestandard des Pinscher-Schnauzer-Klubs 1895 e. V. gibt die den Riesenschnauzer betreffenden Rassekennzeichen wieder.

Allgemeine Erscheinung. Kräftig, eher gedrungen als schlank wirkend, quadratischer Bau.

Aufmerksam und immer auf das Wohl seiner Familie bedacht – so ist der Riesenschnauzer

Schulterhöhe 60–70 cm.
Gewicht etwa 30–35 kg.
Winkelung. Gut gewinkelte Hinterhand.
Haar. Rauhhaarig mit harschem Bart und struppigen Augenbrauen.
Haarfarbe. Schwarz, Pfeffersalz.
Kopf. Gestreckt, von den Ohren bis zu den Augen und von diesen bis zur Nasenspitze allmählich schmaler werdend. Länge des Kopfes zur Rückenlänge etwa 1:2. (Rückenlänge = Widerrist bis Rutenansatz). Nasenrücken gerade und zur Verlängerung der flachen, faltenlosen Stirn parallel verlaufend. Der Stirnabsatz (Stop) ist gering. Die Backen sind flach bemuskelt. Die Nasenkuppe ist breit, schwammig und schwarz. Die Lippen liegen fest an. Kräftiger Fang.
Ohren. Unkupierte Klapp- oder Stehohren.
Gebiß. Kräftig, gesund, vollständig. 42 Zähne, Milchgebiß 28 Zähne. Die oberen Schneidezähne greifen scherenartig über die unteren.
Augen. Oval, nach vorn gerichtet, dunkel.
Hals. Mit anliegender Kehlhaut, (trocken). Nacken kräftig und leicht gewölbt.
Rumpf. Wuchtig, mit kurzem, festen Rücken und leicht nach hinten abfallender Oberlinie, der in die leicht gerundete Kruppe mit der hoch angesetzten Rute ausläuft. Rute bis auf zwei bis drei Glieder kupiert,

aufrecht getragen. Die Gesamtlänge des Rumpfes entspricht etwa der Widerristhöhe. Die Vorbrust ist ausgeprägt, der Brustquerschnitt oval. Die Brust reicht bis in die Höhe der Ellenbogen und geht leicht ansteigend in den mäßig aufgezogenen Bauch über.
Vordergliedmaße. Schräg gestellt; flach, aber kräftig bemuskelt. Die Vorderläufe (Ober- und Unterarm) stehen, von allen Seiten gesehen, senkrecht. Die Pfoten sind kurz, rundlich geschlossen, mit gewölbten Zehen (Katzenpfoten), dunklen Nägeln und harten Sohlen.
Hintergliedmaße. Keulen schräggestellt; flach, aber kräftig bemuskelt. Der Oberschenkel zunächst etwa senkrecht bis zum Knie, vom Knie bis zum Sprunggelenk mit der Verlängerung der oberen Halslinie etwa gleichlaufend. Vom Sprunggelenk etwa senkrecht bis zum Boden.
Haar. Dicht, drahtig, hart. An Ohren, Stirn, Backen, Halsvorderseite, Bauch und Hosen kürzer gehalten.
Wesen. Schneidiges Temperament, gepaart mit bedächtiger Ruhe, mißtrauisch gegen Fremde, wachsam. Keine Kläffer. Anhänglich und liebevoll gegen Herrn und Familie. Kinderlieb. Ratten- und Mäusejäger.
Verwendung. Dienst-, Gebrauchs- und Wachhund.
Fehler. Abnorme Größen, Farben und Kiefer. Einhodigkeit, Ängstlichkeit, Aggressivität.

Eine kräftige, gedrungene Gestalt, wie sie der Standard fordert

Erwerb eines Welpen

Welpen, egal welcher Art, sollten nur über den entsprechenden Zuchtverband erworben werden.

Alle Würfe von rassereinen Riesenschnauzern werden bei unserem Verband, dem Pinscher-Schnauzer-Klub 1895 e. V., von den Züchtern gemeldet.

Der Verband gibt auf Anfrage den Interessenten die Adressen der Züch-

ter, die Welpen eines Wurfes zur Abgabe bereithalten.

Vor dem Kauf sollte man sich verschiedene Würfe ansehen und auch von den Züchtern beraten und informieren lassen. Jeder gute und sportlich denkende Züchter hat hierfür Verständnis und wird Auskunft erteilen.

Beim Kauf des Welpen müssen für das Wesen, das spätere Aussehen des erwachsenen Hundes sowie seine

Leistungsanlagen nicht unbedingt die berühmten „gelben Papiere" sprich: Kör- und Leistungszucht – maßgebend sein. Die Wahrscheinlichkeit, daß Ausstellungsergebnisse und Leistungsprüfungen der Elterntiere bereits etwas über die Anlagen der Welpen aussagen, wird allerdings dann wichtig, wenn später eine intensive Förderung der Anlagen bei den Jungtieren beabsichtigt wird.

Hat man sich grundsätzlich zum Erwerb eines Welpen entschieden, muß man sodann die Frage Rüde oder Hündin beantworten. Bei diesem Thema gehen die Ansichten auseinander. Wir halten es erst einmal für Ansichtssache, wobei meine Frau immer zu Rüden tendierte, während mein Herz an einer Hündin hängt.

Die der Hündin eigene, periodisch auftretende Läufigkeit (Hitze) sollte nicht ausschlaggebend für die Entscheidung zum Kauf eines Rüden sein. Man sollte nämlich nicht vergessen, daß der Rüde „immer läufig" ist und keinem Flirt aus dem Wege geht.

Lassen Sie sich unbedingt die Mutter mit den Welpen zeigen, und achten Sie auf ihre Verhaltensweise. Eine Hündin, die bereit ist, Welpen, Haus und Hof zu verteidigen, zeigt dieses Verhalten bereits den Jungtie-

Hündin und Rüde

ren, die ebenfalls keine Scheu zeigen dürfen.

Unsere Erfahrung besagt darüber hinaus, daß trotz aller Tips und sogenannter Testversuche eine gehörige Portion Glück bei der Auswahl des gewünschten Hundes nötig ist, um das zu erhalten, was man sich wünscht. Unserer liebsten Entscheidung, nämlich der, auf die Sprache des Herzens zu hören, sollten wir jedoch etwas Einhalt gebieten und nicht den schwächsten und ängstlichsten Welpen mitnehmen.

Hier ein Tip: Gesund, kräftig und mit viel Spieltrieb sollte der Welpe in Erscheinung treten.

Achten sollte man auch auf Geräuschunempfindlichkeit (unsere Welpen wachsen sozusagen neben Kreissäge, Bohrmaschine und allerlei Rappelkästen auf). Seit 1. Januar 1987 ist durch Neufassung des Tier-schutzgesetzes das Kupieren der Ohren verboten.

Nachdem die Übernahme des Riesenschnauzer-Welpen im Alter von 9 bis 12 Wochen möglichst in den Morgenstunden erfolgt ist, transportiert man den Kleinen in den Armen einer Begleitperson (nicht im Kofferraum des Autos) nach Hause bzw. in seine neue Heimat. Kleinere Übel, wie Erbrechen oder ein Bächlein, gehören im Grunde dazu; man darf sich besonders freuen, wenn der Züchter die Jungtiere bereits an das Auto gewöhnt hat und wir ungeschoren davonkommen.

Damit Sie Ihren Welpen richtig ernähren, fragen Sie beim Züchter nach einem Futterplan. Sie wissen dann genau, wie Ihr Hund bisher versorgt wurde. Weitere Informationen zur Fütterung des Welpen finden Sie auf den Seiten 81 bis 85.

Beginn der Ausbildung

Mit dem Aufnehmen des Welpen in unsere Familie beginnt im Grunde genommen auch seine Ausbildung. Natürlich ist diese noch nicht im Bereich des Übungsplatzes angesiedelt, sondern befaßt sich zunächst mit der Eingewöhnung und dem Erziehen zur Sauberkeit, also der sogenannten Stubenreinheit.

Während der Eingewöhnungsphase sollte man den kleinen Riesenschnauzer nicht zu sehr bedrängen, sondern nur umsichtig behandeln. Er ist von Natur aus ein neugieriger Bursche, der sich in den meisten Fällen ohnehin nicht verkriechen wird.

Für die Sauberkeitserziehung in der Wohnung gilt folgende Regel:
- nach dem Schlafen,
- nach dem Spielen,
- nach dem Fressen

muß der Kleine ausgeführt werden, und zwar so lange, bis er seine Geschäfte verrichtet hat. Wir verlieren dabei nicht die Geduld, sondern warten wirklich immer eine entsprechende Zeit. Die Zeitspanne „nach" sollte so kurz wie möglich gehalten werden, sonst ist das Unglück passiert. Schimpfen könnten wir dann eigentlich nur noch über unsere Schlafmützigkeit, aber keinesfalls über den Welpen oder Junghund.

Sollte trotz unserer Aufmerksamkeit und Geschwindigkeit ein Bächlein oder gar ein Häufchen auf dem besten Teppich liegen, hat es recht wenig Sinn, sich aufzuregen. Sobald der Riesenschnauzer sich etwas eingelebt hat, besteht im vorgenannten Fall die bestmögliche Bestrafung lediglich darin, daß wir ihn am Nackenfell packen, kurz schütteln und sodann vor die Türe setzen.

Falls man nicht immer die Gelegenheit hat, den Kleinen zeitgerecht auszuführen, sollte man das erste Bächlein abwarten und sich die Stelle, an der es erfolgte, merken.

Eine Packlage Zeitungspapier auf die Stelle legen und dann möglichst darauf achten, daß der Hund im Bedarfsfall diesen Platz wieder aufsucht. Das Unheil wird zwar nicht vermieden, läßt sich aber besser beseitigen.

Keinesfalls sollten Sie den Welpen mit der Nase in den Urin oder Kot stupsen; er wird das damit Beabsichtigte nicht verstehen.

Eine oftmals propagierte Methode, die der Züchtigung mit einer zusammengerollten Zeitung, sollten Sie auch aus Ihrem Gedächtnis streichen; denn das klatschende Geräusch ist für den Hund unangenehm, und er wird es sich merken –

von daher besteht natürlich eine (unerwünschte) Erfolgsaussicht. Später, in der eigentlichen Ausbildung, stellen dann Hundeführer verwundert fest, daß ihr Riesenschnauzer Stockscheu zeigt und bei klatschenden Geräuschen unsicher wird. Wir können hier nur Erfahrungen weitergeben und hoffen daher sehr, daß Sie Ihre Zeitung in Zukunft nur zu ihrem eigentlichen Zwecke benutzen.

Die Reinlichkeitserziehung läuft parallel zur Spielphase. Junge Hunde sind hier nicht anders als kleine Kinder, man muß sich viel mit ihnen beschäftigen, ohne sie zu überlasten.

Solange der Welpe Interesse am Spiel zeigt und es Ihre Zeit erlaubt, spielen Sie mit. Bereits hier kann man Anlagen erkennen und fördern bzw. in für uns genehme Bahnen lenken.

Nehmen wir einmal an, wir haben einen vom Spieltrieb her unlustigen Hund, der wenig Interesse am Bällchen oder anderen Gegenständen zeigt. Versuchen Sie nicht, ihn zu zwingen oder zu bedrängen, sondern versuchen sie lediglich, erst einmal sein Interesse zu wecken.

Spielen Sie in seiner Nähe allein, und beobachten Sie Ihren Hund. Wird sein Blick aufmerksamer, spielen Sie ihm den Gegenstand auffällig zu. Regt dies den Welpen zur Beteiligung an, loben Sie ihn und beginnen von neuem. Verlieren Sie nie die Lust, und loben Sie den Kleinen für jede Aktivität.

Verfügt Ihr Riesenschnauzer aber – wie es meist der Fall sein wird – über einen ausgeprägten Spieltrieb, haben sie fast gewonnen. Über den Spiel- und damit auch vorhandenen Beutetrieb kann nämlich die gesamte Ausbildung erfolgen.

Überlassen Sie den Welpen oder Junghund nur sich selber, wird er auf seine Art und Weise tätig, die oftmals am Zustand der Teppichböden und anderer Wohnungseinrichtungen ersichtlich wird. Der Fehler ist hier wie so oft nicht beim Hund, sondern beim Führer zu suchen – daher vor (falscher) Bestrafung erst selber über die Ursache und ihre Vermeidung nachdenken. Bedenken Sie zwischendurch immer wieder, daß gerade der Riesenschnauzer sehr vieler Zuwendung bedarf. Besitzer anderer Rassen werden dies und natürlich zu Recht auch von ihren Hunden behaupten; wer jedoch einmal einen Riesenschnauzer sein eigen nennt, wird sehr schnell herausfinden, was ich andeuten will. Es ist möglich, daß Ihnen dieser liebebedürftige Riese sogar lästig wird mit seiner ewigen Schmuserei. Nehmen Sie es gelassen hin und nehmen Sie es ihm vor allem nicht übel.

Von Haus aus ist der Riesenschnauzer in Kinder vernarrt. Wir bemühen uns immer, gerade diese sehr wichtige Eigenschaft zu erhalten und zu fördern. All unsere Hunde sind mit uns und unseren Kindern zusammen. Sie wurden auch nicht

Riesenschnauzer sind kinderfreundlich; hier die Hündin Feira vom harten Hammer mit ihrer siebenjährigen Freundin Martina

weggesperrt, wenn ein Baby ankam. Die Gemüter mögen sich streiten, ob die Hygiene darunter leidet; für uns ist es eine Frage der Einstellung zum Hund, seiner größtmöglichen Sauberkeit und der Überwachung.

Ein Hund sollte Kinder nicht ablecken, auch wenn die Schokoladenreste vom Gesicht des Kindes noch so gut schmecken. Wenn man hier achtsam vorgeht, dürfte keine Schwierigkeit auftreten. Wichtig ist im Endeffekt für den Hund das Dabeisein und das Zugehörigkeitsgefühl

zu „seiner Meute". Bei richtiger Förderung wird aus unserem Riesenschnauzer ein ausgezeichneter Spielgefährte, aber auch Bewacher für unsere Kinder.

Ich erinnere mich noch gut, als bei uns der erste Sprößling ankam. Zu diesem Zeitpunkt verfügten wir über fünf Riesenschnauzer. Am Tage der Ankunft meiner Frau mit dem Baby befanden sich natürlich auch meine Eltern im Hause. Gleichfalls anwesend war unser „dienstältester" Riesenschnauzer, der nie zuvor mit derart kleinen Kindern Kontakt hatte. Das Baby wurde in der Wiege auf den Wohnzimmertisch gestellt, und die Familie hatte vor, sich darum zu versammeln. Der Riesenschnauzerrüde machte jedoch sofort klar, daß der Verlauf dieser Angelegenheit noch ungeklärt war, indem er sich vor den Tisch stellte und meinen Eltern den Zutritt strikt verweigerte. Es bedurfte einiger Überredungskünste, um ihn von der Ungefährlichkeit des geplanten Vorgehens zu überzeugen.

An einem anderen Tage erhielten wir Besuch, bei dem sich auch ein vierjähriger Junge befand. Unsere Hündin Hexe war vorher schon vorsichtshalber im Garten an eine lange Leine gelegt worden, da sie Fremde nicht akzeptierte. Während der Begrüßung achteten wir nicht auf den kleinen Stephan, der sich bereits durch die Terrassentür auf die Hündin zubewegte. Der Schrecken war groß, als wir es bemerkten. Wir konnten auch nichts mehr vorbeugend tun, denn Stephan war bereits zu nahe an der Hündin. Statt Aggressivität zu zeigen, ließ Hexe sich auf den Rücken fallen und diente für den Nachmittag als Schaukelpferd.

Trotz aller geschilderten positiven Erfahrungen lasse man ein Kind niemals mit einem Hund allein. Der Junghund betrachtet nach unserer Erfahrung ein Kind nie als Führungsperson im Rudel, sondern höchstens

als gleichwertig. Also wird er versuchen, eine Position zu erreichen oder zu behaupten, die ihm angemessen erscheint.

So ist es möglich, ja sogar wahrscheinlich, daß er sich im „Bedarfsfall" mittels seiner Zähne die beabsichtigte Rudelordnung schafft. Es kann dabei um Spielzeug oder um Fressen gehen, das er zu verteidigen sucht. Und wie schnell wird später die Ursache für die eventuelle Verletzung des Kindes falsch ausgelegt.

Probleme kann es ebenfalls durch die Experimentierfreudigkeit von Kindern geben, die man nie unterschätzen sollte. Ein Stöckchen, mit dem das Kind in den Ohren des Hundes herumstochert, das dauernde Stören des schlafenden Hundes oder ähnliches können böse enden. Mit einer Bestrafung des Hundes ist es jetzt nicht getan. Versuchen Sie, das Verhältnis zwischen Hund und Kind in richtige Bahnen zu lenken, und werden Sie niemals nachlässig in der Beobachtung von beiden.

Immer kann der Freßnapf eine Gefahrenquelle für die ganze Familie darstellen, vor allem, wenn er gefüllt ist. Welpen und Junghunde werden zur Verteidigung schreiten, wenn man diesem zu nahe kommt. Das ist normal und kann nur durch viel Vertrauen des Hundes Ihnen gegenüber abgebaut werden.

Stellen Sie eine entsprechende Eigenart fest, versuchen Sie den Hund zunächst ohne Abstellen des Napfes, mit der Hand zu füttern, und loben Sie ihn, wenn er nicht knurrt. Seien Sie energisch, wenn er böse wird, und behaupten Sie Ihren Platz als Rudelführer. Der Welpe wird schnell lernen, daß Sie ihm nicht sein Futter wegnehmen, sondern geben. Necken Sie nie einen Hund beim Fressen! Auch hier ist Durchhaltevermögen angebracht, da es sich um einen Gewöhnungsprozeß handelt.

Im Endeffekt müssen Sie in der Lage sein, dem Hund zu jeder Zeit sein Fressen wegzunehmen (auch aus dem Maul, für den Fall, daß er draußen unerwünschtes Futter aufnimmt). Dieser Übungsprozeß kann auch für die Familie enorm wichtig sein, da ein Hund hinsichtlich Fressen zum Tyrannen werden kann und als bissig abgetan wird.

Für viele ist die Bewachung ihres Hauses ein großes Problem. Ärgerlich ist man meist, wenn der Riesenschnauzer alle und jeden freundlich begrüßt, anstatt Laut zu geben. Fragt man einmal, wie es denn so im Hause zugeht, kommt heraus, daß viel Besuch ein- und ausgeht. Der im Alter von zehn Wochen übernommene Riesenschnauzer macht natürlich einen putzigen Eindruck, er wird jedem vorgezeigt und von jedem gestreichelt.

Grundsätzlich ist der Riesenschnauzer fremden Personen gegenüber ablehnend oder uninteressiert.

Diese Veranlagung bringt er mit, jedoch wird sie, bedingt durch den von uns geförderten häufigen Kontakt zu fremden Leuten, abgebaut. Der Junghund lernt so von klein auf, daß alle Menschen nett und freundlich zu ihm sind und honoriert dies durch ebensolches Verhalten. Man darf einen Hund nicht isolieren, jedoch sollte man zeitig den Umgang mit Fremden einschränken. Natürlich nicht bei Angehörigen und Menschen, die uns öfter besuchen.

Bekommen wir Besuch, werden die Hunde in einem Nebenzimmer untergebracht. Haben sie den Besuch vorher durch Bellen angekündigt, werden sie natürlich deswegen gelobt. Auf diese Weise erhalten wir die Wachsamkeit und die dem Riesenschnauzer eigene Zurückhaltung gegenüber fremden Personen.

Sollten Sie Ihren Hund einmal zurechtweisen müssen, schlagen oder treten Sie ihn niemals! Der Welpe wird von seiner Mutter im Rudelverband bei Überschreiten gewisser Grenzen innerhalb der Rangordnung auch manchmal zurechtgewiesen. Die Hündin hat für diese Verfahrensweise lediglich ihren Fang zur Verfügung. Sie faßt den Welpen und schüttelt ihn kräftig. Diese Erziehungsmethode ist eigentlich jedem Hund angeboren. Diese Form des Zurechtweisens sollten wir übernehmen, wobei sich unser Eingreifen auf den Einsatz unserer Hände beschränkt!

Leinenführigkeit

Natürlich üben wir beim täglichen Spaziergang das Laufen an der Leine. Vorbereitend dazu wird dem kleinen Riesenschnauzer bereits in der Wohnung – anfangs nur kurzzeitig – das Halsband umgelegt. Zunächst wird er daran wohl kratzen, sich aber bestimmt rasch daran gewöhnen.

Ist dies überstanden, hängen wir die Leine an und lassen ihn so, ebenfalls kurzzeitig, in der Wohnung herumlaufen. Hat sich unser Welpe auch daran gewöhnt, nehmen wir ihn angeleint mit nach draußen. In der ersten Zeit wird er bestimmt bocken, ziehen und sich im Zweifelsfalle hinsetzen. Schließlich sieht ja seine Vorstellung von ungehindertem Umherlaufen anders aus. Uns bleibt keine Wahl, als ihn zu locken, mit ihm zu sprechen und zu loben, wenn er läuft. Um dem Hund dieses etwas zu erleichtern, gehen wir mit ihm und er weniger mit uns. Das heißt, wir ziehen ihn nicht mit in unsere Richtung, sondern lassen ihn erst einmal seine wählen. Aber von Tag zu Tag versuchen wir zunehmend, ihn mit sanftem Zug dazu zu bewegen, mit uns zu laufen. Viel Lob und oftmaliges Anhalten, verbunden mit intensivem Streicheln, erleichtern ihm auch dieses.

Die Verbindung, die die Leine zum Hund darstellt, darf nie für das Tier eine Strafe bedeuten; Reißen oder gar Schlagen mit diesem Gegenstand ist absolut tabu! Halsband und Leine müssen für den Hund immer ein freudiges Ereignis ankündigen.

Freilaufen

Der Hund ist von seinem Aufbau und seiner Veranlagung ein Hetzraubtier. Er reagiert infolgedessen auf schnell bewegliche Objekte, die seine angeborene Jagdleidenschaft anfachen. Welpen laufen hinter Blättern her, die vom Wind verweht werden. Es können aber auch Papierfetzen und Vögel sein, die ihr Interesse wecken. Aus diesem für uns anfangs lustigen Spiel entwickelt sich eine Jagdleidenschaft, die später meistens einen unerwünschten Charakter annimmt. Der Hund beschränkt sich nicht immer auf Blätter, sondern über kurz oder lang bereitet es ihm auch größtes Vergnügen, Hasen, Jogger, Radfahrer oder Autos zu jagen. Die Jagdleidenschaft muß also frühzeitig gestoppt werden.

Man bedenke, daß unter Umständen ein schwerer Unfall verursacht werden kann, wenn ein außer Kontrolle geratener Hund eine Straße überquert.

Um seinen Bewegungsdrang trotzdem ausleben zu können, müssen wir unserem Hund schon frühzeitig begreiflich machen, das Hetzen und Jagen zu unterlassen und auf Anruf zu uns zurückzukehren.

Die beste Einwirkungsmöglichkeit bietet sich im Welpenalter von 12 bis 14 Wochen. Der junge Hund ist hier noch nicht besonders schnell in seinen Bewegungsabläufen und weitgehend an uns als Rudelführer gebunden.

Wenn wir den Hund beim Spaziergang ableinen, gestehen wir ihm eine maximale Entfernung von 10 m zu uns zu. Überschreitet er diese Entfernung, rufen wir ihn zurück. Davon ausgehend, daß er nicht auf unseren Ruf hört, haben wir uns bereits zu Beginn des Spaziergangs mit einigen Erdbrocken ausgestattet. Reagiert der Hund nun auf unseren Anruf nicht, werfen wir gezielt in seine Richtung. Sollten wir einen Treffer erzielen, wird unserem Hund nicht viel passieren, da der Erdbrocken beim Anprall auseinander platzt. Der Eindruck, den unser Hund gewinnt, ist in der Regel erheblich, setzt aber auch bei dem Hundeführer einige Übung beim Werfen voraus. Der Vorteil, der sich aus dieser Aktion zusätzlich ergibt, ist so einfach wie wirkungsvoll. Abgelenkt durch den Aufprall des Erdklumpens und dem damit verbundenen Schreckmoment, verliert der Hund den Kontakt zum Jagdobjekt und ist wieder von uns ansprechbar. Die letztendliche Feststellung, die unser Hund bei korrekter Durchführung machen muß, basiert auf dem Lernprozeß: Der Rudelführer hat den längeren Arm!

Es bietet sich nicht an, Gegenstände zum Wurf zu verwenden, die Geräusche verursachen (Wurfketten etc.). Die Geräuschunempfindlichkeit unseres Hundes muß in jeder Situation im Vordergrund stehen.

Grundsätzliches

– Achten Sie bei aller Liebe zum Hund auf den Bestand der Rudelordnung.
– Mißbrauchen Sie nie Ihre Position als Rudelführer.
– Sorgen Sie für stetiges Vertrauen auf beiden Seiten.
– Lassen Sie nie Hund und Kind allein.
– Bedenken Sie, daß ein Hund nicht logisch denken kann und sein Erinnerungsvermögen in Verbindung zu gewünschtem Verhalten langsam geschult werden muß.
– Fehler, die der Hund macht, müssen sofort korrigiert werden, nicht erst Minuten oder gar Stunden später.
– Achten Sie auf absolute Selbstbeherrschung und Konsequenz.
– Lassen Sie schlechte Laune nie an Ihrem Hund aus; Kinder verstehen so etwas schon schwer, der Hund niemals.
– Versuchen Sie nie, mit Ihrem Hund zu verhandeln, er lernt nur durch richtiges Beispiel, Lob und Tadel.

In Erwartung neuer Aufgaben

– Erwarten Sie nicht, daß sich Ihr Hund auf Sie einstellt. Als denkender Mensch müssen Sie sich auf die Verhaltensweisen des Hundes einstellen.

Während der Welpe zum Junghund heranwächst, werden verschiedene Entwicklungs-Phasen durchlaufen, die wir meist nur unbewußt wahrnehmen. Interessant wird eine solche Phase für uns nur, wenn man meint, an seinem Hund eine Schwäche festzustellen, die dieser ja gar nicht haben darf, vor allem weil es unser Hund ist. Solches wird fast jeder Hundebesitzer bei seinem Tier im Alter zwischen 7 und 12 Monaten feststellen bzw. festgestellt haben.

So machen viele eine besonders niederschmetternde Entdeckung: Der Hund zeigt Angst! Während des Spazierengehens auf altbekanntem Wege bleibt der Hund auf einmal stehen, knurrt und sträubt das Nackenfell, ohne einen für uns ersichtlichen Grund zu haben. Es kann sich um einen Laternenpfahl, ein Telefonhäuschen, einen Feuermelder oder gar einen Strohballen im Feld handeln.

In besagtem Alter entdeckt unser Hund seine weitere Umgebung und lernt sie intensiv und mit wachen Sinnen kennen. Er vermutet zunächst Gefahren auch dort, wo sie nicht existent sind.

Tritt also der geschilderte Fall ein, so zerren Sie den Hund nicht zu der lokalisierten Stelle, sondern begeben Sie sich allein dorthin und locken den Hund nun zu sich. Es kann dauern, bis der Hund seine Unsicherheit überwindet; verlieren Sie auch dabei nie die Geduld, sondern überzeugen Sie als Rudelführer Ihr Tier von der Gefahrenlosigkeit des Unternehmens, und loben Sie den Hund, wenn er sich an die Gefahrenquelle „nahe herantraut" und sie untersucht. Die anfängliche Unsicherheit kann öfter und auch bei anderer Gelegenheit auftreten; sie ist grundsätzlich ein Zeichen für angeborene Vorsicht, aber nicht für Furcht.

Nasenarbeit (Fährtensuche)

Jeder Hund verfügt über ein dem Menschen weit überlegenes Geruchsorgan. Auch der Riesenschnauzer besitzt in der Regel eine ausgezeichnete Nase, deren Leistungsfähigkeit man sich nutzbar machen sollte. Oftmals wird mit Hinweis auf den hervorragenden Schutzdienst unseres Riesenschnauzers verheimlicht, daß man sich um intensives Nasentraining des Hundes kaum bemüht hat. Vielfach ist gerade den Anfängern im Hundesport diese Arbeit geradezu verhaßt. Man muß früh aufstehen und dies auch noch regelmäßig. Man steht oft mutterseelenallein im Feld und rauft sich die Haare, wenn der Hund nicht so will, wie wir gerne möchten. Für viele somit eine widerliche Arbeit, um die man sich möglichst sogar auf dem Übungsplatz drückt, wenn der Ausbildungswart zum früheren Erscheinen auffordert.

Für den Hundesportler ist es jedoch eine Tatsache, daß man mit einem guten Schutzdienst allein keine Lorbeeren ernten kann, denn eine Prüfung erfolgt auf drei Fachgebieten, und nur ein gutes Ergebnis in der Fährtenarbeit berechtigt zur Hoffnung auf ein gutes Gesamtergebnis.

Vielfach wird auch in Vereinen gerade bei Junghunden die frühzeitige Fährtenarbeit vernachlässigt. Wer sich aber einmal intensiv mit diesem Gebiet befaßt hat, wird künftig seine helle Freude an der Zusammenarbeit mit dem Hund haben.

Unsere Version von dem Vorgehen beim Erziehen zur Fährtentreue sieht folgendermaßen aus:
Beginn mit dem Hund im Alter von etwa 16 Wochen.
Benötigte Utensilien:
- Halsband bzw. kleines Suchgeschirr, Leine,
- Gegenstände, mit denen der Hund gerne spielt (z. B. alte Socken, kleine Lappen etc.),
- Leckerchen (Wurst, Hundekuchen o. ä.),
- einen (Erd-)Haken, um den Hund irgendwo befestigen zu können, falls wir alleine sind.
Im Fährtengelände angelangt, sollte der Hund bei kurzem Freilauf sein

Geschäft verrichtet haben. Sodann legen wir ihn fest mittels des mitgebrachten (Erd-)Hakens, packen Suchgegenstände und vor allem die Leckerchen aus.

Bevor wir mit dem Legen der Fährte beginnen, recken wir erst einmal unsere eigene Nase in den Wind. Das Feststellen der Windrichtung ist nicht unerheblich für das Legen und spätere Ausarbeiten der Fährte, zumindest nicht in der jetzigen Phase.

Bei den Anfangsübungen sollten wir die Fährte gegen den Wind legen, so daß der Hund die Witterung direkt in die Nase geweht bekommt. Nach einiger Übung kann man dies ändern, der Hund wird dann jedoch bei z. B. seitlicher Windeinwirkung etwas neben der Fährte laufen.

Der Zusammenhang dürfte darin zu sehen sein, daß der Hund nicht den Fußabdrücken des Fährtenlegers folgt, sondern sich nach den aufsteigenden, durch die Bodenzerstörung hervorgerufenen Staub und Bodenpartikelchen richtet. Zumindest versuchen wir Menschen so, die Fährten- resp. Nasenarbeit des Hundes zu erklären.

Beim Treten auf den Boden werden unseres Wissens sicher auch viele Kleinstlebewesen vernichtet und emporgewirbelt. Diese dadurch entstehende Duftspur kann der Hund mit seiner Nase aufnehmen und ihr folgen. Je nach Bodenbeschaffenheit und Witterung dauert der Vorgang des Aufsteigens und Absinkens unterschiedlich lange an. Ein guter Mittelwert liegt wohl bei etwa einer Stunde Liegezeit der Fährte. Die spezifische Duftglocke hat dann ihren Höhepunkt erreicht.

Für den heranwachsenden Riesenschnauzer, der die Anfänge des Suchens noch nicht beherrscht, wäre diese Zeit zu lang; denn ihn müssen wir ja erst einmal (über Leckerchen) mit der Sucherei vertraut machen. Wir setzen daher den Hund unmittelbar nach Legen der Fährte auch an. Hier heißt es zunächst, den Drang des Hundes zum Leckerchen und seine dadurch bedingte Anspannung zu nutzen. Würden wir zu lange warten, könnte er schnell das Interesse an diesem Vorhaben verlieren.

In der Nähe des Hundes markieren wir sodann eine Bodenstelle durch Streifen der Schuhe über den Erdboden. Außerdem zeigen wir dem Riesenschnauzer die Gegenstände, indem wir sie schütteln, ohne daß sie für ihn erreichbar sind. Sodann gehen wir mit schleifenden Schritten eine kurze Strecke in gerader Richtung, wobei wir uns wiederholt zum abgelegten Hunde umwenden. Nach vier, fünf Schritten legen wir einen Gegenstand zu Boden und darauf ein Stück Wurst. In dieser Weise verfahren wir auch bei den nächsten zwei Gegenständen. Nachdem dies erledigt ist, kehren wir zum Hund zurück und loben ihn erst einmal kräftig. Von

dem Haken befreit, begeben wir uns mit dem angeleinten Hund zum besonders markierten Fährtenabgang und zeigen dem Hund ganz einfach diese Stelle. Außer einem interessierten Schnuppern wird kaum eine Reaktion erkennbar sein, denn der Kleine weiß ja noch nicht, worum es geht. Wir gehen nun neben ihm die getretene Spur entlang, indem wir immer mit der Hand zu Boden zeigen, bis zum ersten Gegenstand.

Wahrscheinlich wird er dort das Stück Wurst finden, und dafür erntet er großes Lob. In der gleichen Art fahren wir bis zum dritten Gegenstand fort. Der Hund verbindet in der Anfangszeit nicht unsere Aufforderung zum Suchen mit dem Finden des Gegenstandes, er lernt aber, und dies meist schnell, daß bei Befolgen unseres Kommandos und der Spur eine Belohnung in Form von Leckerchen auf ihn wartet.

Hat der Hund diese Verbindung geknüpft, werden sich bald erste Erfolge einstellen. Wir brauchen nicht mehr nur neben ihm zu gehen, sondern können mehr Leine geben, und so seine Selbständigkeit fördern. Mit zunehmender Sicherheit und erkennbarem Suchwillen können wir sodann die Abstände zwischen den Gegenständen (und Belobigungsbrocken) langsam vergrößern und auch mehr Gegenstände auslegen.

Mit Riesenschnauzern haben wir auf diese Art in der Anfangsphase der Suchübungen die größten Erfolge erzielt. Wir versuchen niemals, den Hund in dieser Zeit zu foppen, indem wir auf die Gegenstände keine Lekkerchen legen, sondern stabilisieren die Suchfreudigkeit des Hundes durch fortwährende Belohnungen.

Später, wenn der Hund eine gewisse Sicherheit im Suchen zeigt, werden die Wurststücke in oder unter die Gegenstände gelegt, so daß der Hund warten muß, bis wir bei ihm sind und ihm diese geben. Dabei bemühen wir uns gleichzeitig, den Hund zum Hinlegen zu bringen, d. h., wir veranlassen ihn, sich hinzulegen und ein zu frühes Weitersuchen zu unterlassen.

Die Verbindung zwischen Suchen und Hinlegen am Gegenstand verknüpft der Hund erfahrungsgemäß recht bald, wenn man einfühlsam, aber konsequent arbeitet. Klappt auch diese Übung, und man wiederhole sie geduldig, bis dies der Fall ist, kann man die Leine verlängern, die im Endstadium 10 Meter Länge aufweisen muß.

Bezüglich der Gliederung der Fährte in Länge und Winkel ist zu bemerken, daß der Hund die gesamte Fährte (bei Sch-H I etwa 300 Schritt) in der Geraden bewältigen sollte, bevor man beginnt, Winkel mit einzubeziehen. Wir machen auch hier kein Experiment und versuchen, dies schrittweise zu erreichen. Wahrscheinlich ist der Rückfall durch zu frühe Winkelsuche mit mehr Arbeit

verbunden als die empfohlene Methode.

Wir suchen in dieser Zeit immer auf wechselndem Gelände (Wiese/Acker), damit der Hund Unterschiede kennenlernt und so Erfahrungen sammeln kann.

Spätestens mit dem Beginn der Winkelsuche innerhalb der Fährte wird der Führer vor ein großes Problem gestellt. Hat man nämlich die gesamte Fährte gelegt, kann man sich anfangs nur sehr vage an den Verlauf erinnern, vor allem, wenn man auf einer Wiese tätig war.

Jeder Hundeführer muß daher ein gewisses Geländeorientierungsvermögen entwickeln. Der Hund merkt sehr schnell, ob sein an der Leine hängender Chef weiß, wo es langgeht, und gegebenenfalls die suchende Nase korrigiert, wenn eine Hasenspur viel interessanter erscheint. Vermeiden Sie das Stecken von Zweigen oder anderen Orientierungshilfen, die nicht in das Gelände gehören. Man merke sich vielmehr Eigenarten des Geländes wie Grasbüschel, die auffallend hoch sind, Karrenspuren, Bodenerhebungen, Bäume usw.

Gehen Sie niemals mit zum Boden gerichteten Blick, sondern erhobenen Hauptes. Bewegen Sie sich geradewegs auf ein ferneres Ziel zu und schwenken Sie erst ab, wenn Sie eine Orientierungshilfe entdeckt haben. Man muß zu jeder Zeit wissen, wo man gegangen ist. Der Hund spürt in der ihm eigenen Weise Ihre Sicherheit, bis er soweit gefestigt ist, daß ihm keine Fehler mehr unterlaufen, da die Anwendung seiner Nase besser geworden ist als das Erkennungsvermögen unserer Augen.

Zögert der Hund am Winkel, bleiben wir stehen und warten seine weitere Reaktion ab, aber wir rufen den Hund niemals zurück. Vorsichtiges Ermuntern kann helfen, Schimpfen muß man vermeiden, den Hund statt dessen loben, wenn er seine Nase in die richtige Richtung streckt.

Fährtenarbeit ist eine Geduldssache! Verlieren Sie daher niemals die Beherrschung über sich selber, und strafen Sie den Hund **nie** auf der Fährte. Ein solcher Ausbildungsfehler wäre kaum wiedergutzumachen.

Wir lehnen jeglichen Zwang bei der Suche ab, neigen jedoch zu konsequentem Verhalten. Sollte der Hund also nicht oder nur teilweise gesucht haben, legen wir eine neue Fährte und fangen wieder von vorn an. Bedenken muß man dabei, daß Nasenarbeit für den Hund höchste Konzentration bedeutet und seine Kondition aufs ärgste beansprucht.

Nur ein Hund, der sich im dauernden Training befindet, läßt Höchstleistungen erwarten. Nicht jede Übungsfährte muß die gesamte (Prüfungs)-Länge aufweisen, kürzere reichen zum Training ebenfalls. Wie schon erwähnt, führte die geschilderte Methode bei allen unseren Riesenschnauzern zum Erfolg.

Wir wollen lediglich noch darauf hinweisen, daß der Hund sich natürlich am Gegenstand nicht unbedingt hinlegen muß; er kann sich auch setzen oder einfach markant stehenbleiben. Dem Leistungsrichter muß vor Beginn der eigentlichen Prüfung lediglich angesagt werden, ob der Hund den Gegenstand verweist oder aber aufnimmt, d. h. nach dem Auffinden ins Maul nimmt. Auf jeden Fall muß der Hund am Suchgegenstand verharren, bis der Führer zu ihm aufgeschlossen und den Gegenstand sichergestellt hat.

Bei der Ausbildung hat sich bei uns aber gezeigt, daß die Methode des „Platzmachens" – also des Hinlegens nach Finden des Gegenstandes – wohl die sicherste ist, da dem Riesenschnauzer leicht das Temperament durchgehen kann und er sich ohne erneute Anweisung schon wieder auf die Suche nach dem nächsten Gegenstand begibt. Das darf aber nicht sein, da im Einsatzfall der Hundeführer nach dem Verweisen des gefundenen Gegenstandes die Chance haben muß, diesen in seiner Bedeutung zu beurteilen, um daraus Schlüsse für sein weiteres Verhalten ziehen zu können. Im Prüfungsfall hätte dieses Verhalten Punktabzug zur Folge.

Manche Hundeführer suchen auch mit dem nicht angeleinten Hund. Für diese Art der Ausbildung fehlen uns jedoch die Erfahrungen, um sie hier darstellen und bewerten zu können.

Eine Problemsituation hatten wir mit zwei unserer Riesenschnauzer, die wir auch schildern möchten. Beide Hunde, die bislang ohne Beanstandungen gesucht hatten, verweigerten mit einem Male die Suche und zeigten Anzeichen der Unsicherheit, indem sie sich nicht mehr vom Führer lösten.

Da wir nie mit Zwang einem unserer Hunde die Fährtensuche aufgenötigt hatten, war uns dies Verhalten unerklärlich. Die einzige Möglichkeit schien in einer schlechten Erfahrung begründet zu sein, deren Ursprung uns allerdings nicht bewußt war. Es kam nun darauf an, den Hunden die Unsicherheit zu nehmen und sie zu veranlassen, sich wieder vom Führer zu lösen. Das Problem, den unsicheren Hund nach vorn zu bringen und gleichzeitig Führerhilfe zu leisten, verursachte anfangs Kopfzerbrechen, bis schließlich der rettende Einfall kam. Und der war folgender:

Zu Beginn der Suche wurden auf einer kurzen Geraden in kleinen Abständen Gegenstände mit darauf befindlichen Leckerchen abgelegt. Anstelle der Leine wurde aber mittels Karabinerhaken am Halsband des Hundes ein drei Meter langer Stab befestigt. Mit diesem schob man nun den Hund unter einiger Kraftanstrengung vor sich her über die gelegte Spur. An jedem Gegenstand wurde überschwenglich gelobt, bis im Schweiße des eigenen Angesichts die gesamte Strecke bewältigt war.

Diese Übung wurde mehrere Male wiederholt, und der Hund lernte, daß seine Unsicherheit nicht begründet war. Nach mehreren Tagen intensiver Arbeit war die Unsicherheit vollständig behoben, und es konnte wieder mit normaler Suchleine gearbeitet werden.

Abschließend sei zu diesem Kapitel gesagt, daß Hunde auch Fremdfährten suchen sollten. Dem Hund ist es gleichgültig, wer die Spur gelegt hat, denn er orientiert sich nicht allein am Geruch des Fährtenlegers, sondern verfolgt besonders auch die jeweils charakteristische Bodenzerstörung, die beim Treten einer Spur erfolgt. Andererseits vermag er später sehr genau, eine Spur von der anderen zu unterscheiden.

Merke:

- Beginnen Sie möglichst früh mit der Fährtensuche (im Hundealter von etwa 16 Wochen).
- Lassen Sie in regelmäßigen Zeitabständen suchen.
- Überlasten Sie den Hund nicht durch zu lange Fährten oder durch zu häufiges Suchen (intensive Suche ein- bis zweimal wöchentlich).
- Vergessen Sie nie, den Hund bei guter Fährtenarbeit zu belohnen.

- Strafen Sie **nie** den Hund bei der Fährtenarbeit.
- Wechseln Sie öfter das Fährtengelände und arbeiten Sie mit dem Hund bei jeder Wetterlage.
- Es ist dem Hund völlig gleichgültig, wer die Fährte gelegt hat.

Manche Ausbildungswarte schwören auf die Methode des auf der Spur gezogenen (Rinder-)Pansens. Betrachten Sie diese Möglichkeit nur als allerletzten Rettungsanker zum Erfolg, und beginnen Sie nie mit ihr.

Unterordnung

Wie bereits zu bemerken war, ist dieses Büchlein an der allgemeinen Prüfungsordnung für Schutzhunde des Verbandes für das Deutsche Hundewesen (VDH) orientiert. Deshalb nun nach der Fährtensuche die Unterordnung.

Unterordnung oder wie man erläuternd auch sagen kann, die sogenannten Gehorsamsübungen, teilt man in verschiedene Abschnitte ein. Ehe wir auf diese eingehen, eine Vorbemerkung: Es ist erfahrungsgemäß nicht ratsam, mit dem Riesenschnauzer zu früh mit den Gehorsamsübungen auf dem Übungsplatz anzufangen. Mit intensiver Arbeit dort zu beginnen, empfehlen wir für Riesenschnauzer erst im Alter von 16 bis 18 Monaten. Dies kann natürlich nur ein Anhaltswert sein, der sich bei uns aber als erfolgsgünstig erwiesen hat.

Grundsätzlich bedeutet dies nicht, daß Sie zu Hause und unterwegs Ihrem Riesenschnauzer keinerlei Gehorsamsleistung abverlangen sollen. Man kann nämlich im Spiel viel erreichen und so die Grundübungen wie „Sitz!", „Platz!" und „Steh!" bereits einüben.

Einige Beispiele mögen hilfreich sein. **Die Sitzübung** läßt sich ab dem Alter von sechs Monaten recht einfach einüben, indem man den Junghund zu sich ruft und für sein Kommen natürlich lobt. Mit einer Hand faßt man sodann die Kehlhaut, und mit der anderen drückt man sein Hinterteil auf die Erde. Gleichzeitig gibt man das Hörzeichen „Sitz!" Und jedesmal loben, wenn der Hund schließlich sitzt!

Wiederholen Sie dies oftmals und immer wieder, wenn Sie den Hund gerufen haben oder wenn er freiwillig zu Ihnen kommt. Verlangen Sie aber nicht, daß der Hund in der Anfangsphase längere Zeit sitzen bleibt. Entfernen Sie sich in dieser Zeit auch nicht von ihm, um sein Verhalten zu testen, sondern betrachten Sie die Übung zunächst als eine Art „Trockenschwimmen".

Weiß der Hund endgültig Ihren Befehl zu deuten, üben Sie auch fortwährend beim Spazierengehen mit dem angeleinten Hund. Wenn Sie stehenbleiben, ziehen Sie ihn an der Leine an Ihre linke Seite und lassen ihn sich setzen. Loben Sie immer, und der Erfolg, nämlich das Hinsetzen des Hundes nach dem Herankommen, wird sich schnell einstellen. Bedenken Sie, daß auch wir Menschen mit etwas Lob lieber arbeiten und meist auch viel bessere Ergebnisse erzielen als mit ewigem Tadel.

Die Platzübung verhält sich eigentlich entsprechend, jedoch muß der Hund eine liegende Stellung einnehmen. Haben Sie frühzeitig Fährtenarbeit betrieben, müßte Ihr Riesenschnauzer diese Übung in den Grundzügen schon beherrschen. Ihm fehlt lediglich die Verbindung zur jetzigen Situation. Beim ersten Versuch drücken Sie ihn am Widerrist mit sanfter Gewalt sowie oftmaligem Hörzeichen „Platz!" auf die Erde, und wundern Sie sich nicht, wenn er sich anfangs dabei sträubt wie ein Ziegenbock.

Haben Sie es schließlich mit einiger Mühe und einigem Kraftaufwand geschafft, den Hund zum Liegen zu bewegen, halten Sie ihn am Boden fest (eine Hand Nackenfell, andere Hand Hinterteil). Loben Sie Ihren Riesenschnauzer, und passen Sie dabei auf, daß er nicht aus Freude und Unverständnis wieder aufspringt. Allerdings auch dann nicht die Nerven verlieren, sondern neu beginnen. Verlängern Sie die Wartezeit für den liegenden Hund, wobei sich die Abstände nach seinem jeweiligen Verhalten richten müssen. Seien Sie aber auch hier beständig, und trainieren Sie

mehrmals am Tage. Wenn man eine derartige Gehorsamsübung durchgeführt hat und den Erfolg sieht, wird es Zeit, sich wieder selber zu beobachten.

In ihrer Freude berichten viele Hundefreunde anderen Kollegen von ihren Erfolgen und müssen dann vernehmen, daß deren Hunde diese Übungen bereits in der „Wurfkiste" beherrschten und schon im Alter von drei oder vier Monaten eine ganze Stunde vor dem Geschäft in Sitzposition gewartet haben. Die Ausnahmen bestätigen auch hier die Regel, und Sie sollten sich nicht entnerven lassen. Andererseits gibt es aber wirklich reichlich Erfahrungen, die besagen, daß schon sehr junge Hunde spielerisch und sicher die Stubendressur – wie das Jäger nennen – erlernen und auch die Befehle immer ausführen. Natürlich gehört ein erfahrener Abrichter dazu – und außerdem ist früher Gehorsam heutzutage zwingendes Gebot, wenn einem sein Hund nicht vorzeitig zu Tode (durch Kfz-Verkehr u. ä.) kommen soll.

Leinenführigkeit ist das A und O der Unterordnung, vorausgesetzt, man nutzt die Verbindung zum Hund in der richtigen Art und Weise.

Zur Leine gehört natürlich auch das entsprechende Halsband. Günstig ist ein Kettenhalsband. Für die Unterordnungsübungen ist ein Lederhalsband nicht angebracht. Von einem sogenannten Stachelhalsband

Herumführen eines
Hundes während der
Kehrtwendung

ist abzusehen. Es handelt sich hier um einen Ausbildungsgegenstand, der nur in bestimmten Situationen Anwendung finden sollte und nur unter Vorbehalt, besser gar nicht, in die Hand eines Anfängers gehört. Das gilt auch für den Hausgebrauch.

Wir befestigen unseren Hund also an der Leine, die wir bei der Übung in der rechten Hand halten und durch-

hängen lassen. Der Hund befindet sich dabei mit seiner rechten Schulter neben unserem linken Knie. Die linke Hand des Führers ist frei und dazu bestimmt, den Hund zu loben oder zu tadeln. Das Abrichtungsziel ist es nun, den Hund zu der geschilderten Verhaltensweise zu bewegen.

Da unser Riesenschnauzer aufgrund der häuslichen Vorübung das

„Sitz!" halbwegs beherrscht, beginnen wir auch zur weiteren Vervollkommnung mit der Grundstellung. Der Hund sitzt also, und zwar mit seiner rechten Schulter an unserem linken Bein.

Mit dem Kommando „Fuß!" gehen wir nun los, und unser Riesenschnauzer wird es vermutlich sehr eilig haben, die Länge der zunächst noch durchhängenden Leine mittels schnellem Vorlauf soweit auszunutzen, bis die Leine straff ist. Dem müssen wir sogleich entgegenwirken. Dazu erfolgt ein kurzer Ruck an der Leine, um den Hund wieder zurückzuholen. Warten Sie dabei nicht, bis der Hund die ihm zur Verfügung stehende Leinenlänge ausgenutzt hat, sondern wirken Sie vorher ein. Ziehen Sie nie verhalten, sondern mit einem kurzen und trockenen Ruck. Loben Sie sofort, wenn der Hund reagiert und wieder in Höhe Ihres Beines marschiert.

Zusätzlich (rasche Reaktion vorausgesetzt) kneifen wir mit den Fingern der linken Hand dem vorprellenden Hund in die rechte Seite. Der Erfolg war bislang nach einigen Versuchen immer erstaunlich: Der Riesenschnauzer, verblüfft durch diese Handlung, versuchte immer, in die kneifende Führerhand zu beißen und stoppte recht schnell den Versuch des Vorprellens, um die erwartete Hand des Führers zu schnappen. Er bremste sich also selber. Dieser Übungs-vorgang soll nicht schmerzhaft für den Hund sein, jedoch durchaus unangenehm.

Man kann sich nun fragen, warum denn eine lockere Leine, denn besser läuft es ja von Anfang an, wenn wir unseren Hund kürzer halten. Bitte, bedenken Sie während der gesamten Ausbildung, daß Ihr Hund Zeit braucht, um zu begreifen, wie er sich zu verhalten hat, um sodann Lob zu erhalten. Wir müssen, da der Hund den Sinn unserer Worte ja nicht denken kann, die Möglichkeit einräumen, sein Verhalten gemäß unseren Anweisungen einzurichten, dabei wird er auch zu berichtigende Fehler begehen.

Nur unter diesen Umständen können wir einwirken und mit Lob oder Tadel arbeiten. Sorgen wir durch unsere Verhaltensweise dafür, daß der Hund nicht in der Lage ist, Fehler zu begehen, so haben wir auch keine Möglichkeit der Richtigstellung.

Die Übung der Leinenführigkeit sollte immer in der beschriebenen Art fortgeführt werden. Achten Sie stets auf die durchhängende Leine; bewegen Sie sich normal und nicht verkrampft, wie viele Anfänger es aus mangelnder Erfahrung häufig demonstrieren. Nicht verzagen, wenn es nach zwei oder drei Wochen noch nicht so recht klappen will; das Sprichwort „Übung macht den Meister" gilt wie überall auch in diesem Bereich.

Achten Sie bei der Arbeit immer auf Ihren Hund, und plaudern Sie nicht mit anderen. Nach der Arbeit ist es dazu im Vereinsheim viel gemütlicher. Sie müssen im Laufe der Zeit ein Gefühl für das Wesen Ihres Hundes entwickeln, um dadurch auch allmählich zu einer gewissen Vorausschau seines zu erwartenden weiteren Verhaltens zu kommen, auch sein

Hilfestellung bei der Sitzübung durch sanftes Niederdrücken der Hinterhand mit dem rechten Fuß

Reagieren auf bestimmte Situationen vorhersagen zu können. Oft ist zu beobachten, daß gerade Anfänger das Kommando „Fuß!" viel zu häufig gebrauchen und auch die Ausbildungswarte nicht immer darauf achten. Dem Hund ist es egal, mit welchem Kommando er die einzelnen Übungen verknüpft, er gewöhnt sich schlichtweg an das entsprechende Wort im entsprechenden Tonfall. Auf der anderen Seite geht es dem Hundeführer nicht anders. Auch hier findet ein vielleicht unerwünschter Gewohnheitsprozeß statt, der auf einer Prüfung wichtige Punkte kosten kann.

Kommando „Fuß!" gibt es nur beim Angehen aus der Grundstellung und beim Schrittwechsel. Kontrollieren Sie sich selber, und verwenden Sie dieses Kommando nur bei den beschriebenen Übungen.

Kommandos gleich welcher Art müssen kurz und in allen Tonfällen ausgesprochen werden können. Jeder Hund reagiert in verschiedenen Situationen auf weiche und harte Kommandos unterschiedlich. Die Eigenarten Ihres Riesenschnauzers müssen Sie selber in Erfahrung bringen. Achten Sie auf seine Reaktion und stellen Sie sich darauf ein. Verschiedene Ausbilder und Hundeführer vertreten die Meinung, der Hund müsse sich auf den Führer einstellen. Wir wagen, dem zu widersprechen.

Der Hund verfügt nicht über die Intelligenz des Menschen. Weil dem so ist, müssen wir uns die Eigenart des Hundes zunutze machen und können nicht erwarten, daß dieser uns alle Wünsche von den Augen abliest.

Wir gehen nun davon aus, daß der Hund nach hinreichender Übung leinenführig geworden ist, wir ihn entsprechend anleiten und führen, und beginnen nun mit dem Üben der Wendungen. Die Prüfungsordnung verlangt, daß Sie eine Rechts- und eine Linkswendung vorführen.

Bei der Rechtswendung, die aus dem Normalschritt erfolgt, rucken Sie kurz an der Leine und loben den Hund unverzüglich, wenn er sich wieder neben Ihnen befindet. Bewegen Sie sich dabei zügig weiter, weil Ihr Hund ansonsten ebenfalls sein Tempo verlangsamt. Bei der Linkswendung können Sie den Hund anfangs drücken, d. h. ihn herumschieben.

Es besteht auch die Möglichkeit, bei der Wendung mittels Knuff durch Ihr rechtes Knie den Hund ebenfalls in die gewünschte Richtung zu dirigieren. Nach erfolgter Wendung auch hierbei nie das Lob vergessen. Er lernt die Wendungen schnell!

Die Kehrtwendung (Drehung um 180°) ist ein Problem für sich. Zur Ausführung bleiben Sie, aus dem Normalschritt kommend, stehen und drehen sich linksherum so weit um die eigene Achse, bis Sie in Gegenrichtung schauen. Übergeben Sie dabei die Leine hinter dem Körper von der rechten in die linke Hand.

Während Sie sich links herumgedreht haben, sollte Ihr Riesenschnauzer rechts um Sie herumlaufen, um dann wieder an Ihrem linken Knie aufzutauchen. Bei dieser Übung halten Sie die Leine etwas kürzer, und gehen Sie bei der Drehung leicht in die Hocke, ohne den Oberkörper vorzubeugen. Sehen Sie über Ihre linke Schulter nach dem Hund und gehen Sie zügig voran. Locken Sie den Hund dabei mit Ihrer linken Hand, nachdem Sie die Leine wieder in die rechte Hand übergeben haben. Gehen Sie unbedingt schnell an, und veranlassen Sie so Ihren Hund auch zum schnellen Nachlaufen.

Merke:
- Oftmaliges Rucken an der Leine bringt keinen Erfolg.
- Versuchen Sie den kurzen, kräftigen Ruck verbunden mit anschließendem Lob, wenn der Hund vorprellt.
- Sprechen Sie beim Üben mit Ihrem Riesenschnauzer, er soll schließlich Freude an der Arbeit haben, muntern Sie ihn also auf.
- Lassen Sie ihn auch ruhig einmal hochspringen, und freuen Sie sich, wenn Sie einen schnellen Hund haben.
- Eine Erfahrung besagt, daß man einen schnellen Hund bremsen kann, es jedoch unvergleichlich viel schwieriger ist, einen langsamen Hund schneller zu machen.

Nützt der Ruck mit der Leine nichts, so kneifen Sie den Hund mit der freien linken Hand in die rechte Flanke. Tun Sie dies schnell, und achten Sie darauf, daß Ihr Riesenschnauzer bei aller Liebe zu Ihnen in diesem Moment nicht in Ihre Hand beißt. Behalten Sie diese Methode so lange bei, bis er aufmerksam Ihren Arm betrachtet. In dem genannten Fall läuft er auch bei Fuß mit Blick zum Führer.

Es kommt nun auch vor, daß der Riesenschnauzer hängt, also zurückbleibt. Es mögen mannigfaltige Gründe dafür vorliegen, auf die wir hier nicht eingehen können. Rucken an der Leine führt in einem solchen Falle bei einem Riesenschnauzer fast nie zum Erfolg, und wir sollten es gar nicht erst versuchen.

Eine gute Chance haben Sie allerdings, wenn Sie das Problem „von hinten" angehen: Zu diesem Zweck kicken Sie mit Ihrer rechten Ferse hinter Ihrem linken Bein vorbei dem Hund ans Hinterteil. Dies bedarf gewissen Geschicks und mithin der Übung und ist keinesfalls mit einem Fußtritt zu verwechseln. Die meisten Hunde mögen diesen kleinen Anstoß gar nicht und weichen nach vorn aus. Erfolgt dies, setzt es gleich wieder viel Lob. Von einer häufigen Wiederholung kann man je nach Auffassungsgabe des Hundes ausgehen. Unsere Erfahrungen belegen aber gute Erfolge. Alle geschilderten Übungen sollen in den drei Schrittarten (Normal-/ Langsam-/Laufschritt) geübt werden.

Natürlich ist es nicht immer mit dem Training auf der Platzanlage getan. Sie müssen genau wie bei der Fährtensuche auch Hausaufgaben machen. Je nach Arbeitsfreude Ihres Riesenschnauzers sollte man täglich etwa 10 Minuten intensiv üben und jeweils nach Abschluß der einzelnen Übungen mit dem Hund ausgiebig toben. Bewegung tut auch uns not und bereitet schließlich und endlich beiden Seiten Freude.

Oftmals hören wir von dem Hundebesitzer, sein Riesenschnauzer pariere ihm aufs Wort, wenn seine Frau jedoch mit ihm spazierenginge, ziehe er mit aller Macht und sei nicht zu bremsen.

Hier Abhilfe zu schaffen ist recht einfach, wenn beide Ehepartner an der Grundausbildung teilnehmen und die Ehefrau sich gleichfalls in ihrer Rolle als Rudelvorgesetzte behauptet, aber das verlangt auch von ihr eiserne Konsequenz, sonst gibt der Hund bald den Ton an.

Gruppe

Nach der in der Prüfungsordnung vorbezeichneten Leinenführigkeit schließt sich der Gang durch eine Gruppe von Menschen an.

In die Gruppe hinein kommt man mit dem angeleinten Hund. Während des Durchschreitens bewegen sich die Gruppenmitglieder. Nach dem ersten Durchgang erfolgt eine Wendung sowie erneute Durchquerung der Gruppe in Form einer Acht um und durch die Gruppenmitglieder. Dann bleibt man innerhalb der Gruppe bei diesem zweiten Gang stehen, wobei der Hund sich bei Fuß setzen muß.

Aus der Gruppe heraus, bleibt der Hundeführer erneut stehen und läßt seinen Hund nochmals sitzen. Er geht alsdann neu an und leint den Hund im Gehen ab. Die Leine wird umgehängt oder in die Tasche gesteckt.

Der gleiche Ablauf wie mit angeleintem Hund wiederholt sich nun mit dem Unterschied, daß der Hund frei neben dem Führer läuft, sitzt o. ä. Nach dem nun ebenfalls zweimaligen Durchgang mit Sitzen in der Gruppe fängt die weitere Freifolge an. In dem Verlauf werden auch zwei Schüsse abgefeuert, um Schußgleichgültigkeit beim Hund feststellen zu können.

Der geschilderte Ablauf ist in der Prüfungsordnung genau beschrieben; allerdings können einige Schwierigkeiten auftreten, die hier behandelt werden sollen.

Häufig sieht man, daß gerade unerfahrene Hunde in der Gruppe die Mitglieder anschnuppern oder gar anspringen wollen. Der Hund kann auch Unsicherheiten beim Durchgang zeigen.

Es empfiehlt sich, den Hund sehr früh an diesen Ablauf zu gewöhnen, *ohne* ihn von den Gruppenmitgliedern streicheln oder gar mit Leckerchen versorgen zu lassen. Wenn man den Riesenschnauzer genügend lobt bzw. belohnt, merkt er sehr schnell, daß kein Grund zur Unsicherheit besteht, wenn jemand auf ihn zukommt. Dieser Übungsprozeß gilt übrigens auch für den privaten Bereich.

Vermeiden Sie konsequent, den Hund von fremden Personen füttern zu lassen, sonst wird er später bestrebt sein, bei „jedem" nach Leckerchen zu suchen, folglich würde er auch die Gruppenmitglieder belästigen.

Ein weiteres Problem könnte das Zurückbleiben des Hundes in der Gruppe mit sich bringen. Gerade dann wirkt sich beim Riesenschnauzer ein starkes Reißen an Leine und somit Halsband negativ aus.

Wenn Lob nicht hilft, probieren Sie einmal wieder den Hackentrick. Ändert sich auch jetzt sein Verhalten nicht, sollten Sie vielleicht auf die folgende Möglichkeit zurückgreifen. Bevor Sie mit Ihrem Hund in die Gruppe gehen, postieren Sie den Scheintäter bzw. Helfer in einem naheliegenden Versteck. Bleibt der Hund nun zurück, erfolgt durch den Helfer ein Überfall. Wir konnten oft feststellen, daß der Riesenschnauzer nach kurzer Zeit erheblich schneller und aufmerksamer lief.

Ein mehrmaliger Versteckwechsel ist notwendig, um beim Hund keine Gewöhnung bezüglich der Überfallsrichtung aufkommen zu lassen. Die Meinung einiger Sportfreunde, der Hund könne Gruppenmitglieder angreifen, kann von uns – da gegenteilige Erfahrung – nicht geteilt werden.

Der Riesenschnauzer weiß sehr wohl zwischen dem Helfer in entsprechender Kleidung und dem normalen Gruppenmitglied zu unterscheiden.

Das Problem des Zurückbleibens kann auf diese Weise oft recht schnell gelöst werden, allerdings muß man in der Folgezeit darauf achten, daß der Hund bereits bei der Freifolge nicht ausbricht und zu stöbern beginnt.

Freifolge

Die Freifolge entspricht dem geschilderten Verhalten bei der Leinenführigkeit, wobei der Hund jedoch ohne direkte Verbindung zum Führer laufen muß. (Die Leine wird also ausgehakt und umgehängt bzw. in die Tasche gesteckt.)

Viele Hundeführer „testen" die Freifolge allerdings viel zu früh. Grundsätzlich sollte der Hund so lange wie möglich an der Leine geführt werden, um ein exaktes Üben zu ermöglichen. Erst bei sicherer Leinenführigkeit sollte man sich an die Freifolge wagen und auch dann den Hund zwischenzeitlich immer wieder mal anleinen.

Der eigentliche Übungsprozeß der Freifolge ist mit dem Verhalten bei der Leinenführigkeit identisch. Geht man von dem Vorgenannten aus, so muß man aber stets bedenken, daß in der jetzigen Phase eine Einwirkung unsererseits schlechter erfolgen kann. Schnelle Reaktion ist die beste Möglichkeit zur Abhilfe, falls unser Riesenschnauzer seine Freiheit nicht in unserem Sinne zu nutzen beabsichtigt.

Um den Riesenschnauzer noch aufmerksamer zu erziehen, sollte man sich auch nicht immer nur an die Forderungen der Prüfungsordnung halten, sondern Leinenführigkeit und Freifolge hinsichtlich des Ablaufs flexibel gestalten.

Bei häufiger und nicht schematischer Richtungsänderung sowie bei Schrittwechsel wird der Hund gezwungen, uns mehr Beachtung zu schenken, und bewegt sich bald aufmerksamer.

Wie Sie z. B. bei der Kehrtwendung einwirken können, möchten wir an folgendem Beispiel schildern: Bei Freifolge und anstehender Kehrtwendung vollziehen wir eine rasche Drehung um 180° links herum und führen unseren Riesenschnauzer mit der rechten Hand in der Drehung rechts um uns herum. Die linke Hand übernimmt die Weiterführung. Nach der Drehung, die mit leicht gebeugten Knien durchgeführt werden sollte, bewegen wir uns zügig, evtl.

durch einen kurzen Sprint, in die neue Richtung weiter.

Sollte der Hund hinter uns zurückbleiben, leistet der kleine Hakkentrick mit Sicherheit gute Dienste. Bei Vorprellen kann man das leichte Kneifen in die rechte Flanke anwenden.

Loben bei richtiger Ausführung dürfte inzwischen für uns selbstverständlich sein.

Schußgleichgültigkeit

Der Riesenschnauzer soll sich bei Knall oder sonstiger starker Geräuscheinwirkung gleichgültig verhalten, also weder schreckhaft noch aggressiv reagieren. Wir gewöhnen ihn aus diesem Grunde früh an entsprechende Geräusche, auch die des Straßenverkehrs etc. sind dazuzuzählen.

Hat sich einmal Schreckhaftigkeit eingestellt, ist nur schwer Abhilfe zu schaffen. Bei zu erwartender (oder auch bewußt herbeigeführter) Reizeinwirkung sollte man deshalb den Hund nie allein lassen, sondern durch Lob und gutes Zureden aufkommende Unsicherheit im Keim ersticken.

Mit folgenden Vorkommnissen mußten wir uns bereits auseinandersetzen; das kann auch bei Ihnen jederzeit erforderlich sein:

– Fall 1: Der Riesenschnauzer befindet sich als Familienhund in der

Küche, es wird gerade in der Pfanne gebraten. Durch das spritzende Fett wird der Hund an der Nase getroffen. Er verbindet nun das knallende Geräusch des spritzenden Fettes mit Schmerz. Der Erfolg: Unsicherheit bei Schußabgabe auf dem Übungsplatz.

- Fall 2: Aus irgendeinem Grund liegt eine leere Sprayflasche in erreichbarer Nähe des Hundes. Durch Beißen in diese entweicht mit entsprechendem Geräusch Druckgas. Der Erfolg: Unsicherheit bei Knall und Zischgeräuschen (Stockbedrohung im Schutzdienst).

Oftmals kann man sich selbst an solche Vorfälle schon nach kurzer Zeit nicht mehr erinnern oder aber hat sie gar nicht entsprechend wahrgenommen. Man muß also auf Kleinigkeiten achten und möglichst gleich dem unerwünschten Ereignis, das wir hier einmal „Knallschreck" nennen wollen, entgegenarbeiten, damit dies endgültig verdrängt wird und wir später nicht dadurch in der weiteren Ausbildung beeinträchtigt werden.

Sitzübung

Das „Sitz!" bei Fuß haben wir bereits erläutert. Es geht nun darum, dem Riesenschnauzer beizubringen, auch sitzenzubleiben, während wir uns entfernen. In der Anfangsphase arbeiten wir mit dem angeleinten Hund. Aus dem Gehen heraus erfolgt das Kommando „Sitz!", wobei wir gleichfalls stehenbleiben. Sitzt der Hund, drehen wir uns vor ihn und loben ihn, wenn er seine Stellung beibehält. Das ist bis hierhin ganz einfach.

Die Schwierigkeit beginnt, wenn wir versuchen, uns zu entfernen. Der Hund wird meist das Bestreben haben, uns zu folgen.

Wir gestalten den Übungsprozeß folgendermaßen. Der Hund sitzt angeleint neben uns, wir stellen uns vor ihn und loben. Langsam weichen wir nun zurück, wobei das Kommando „Sitz!" gegeben wird. Der Abstand darf nicht zu groß geraten, es genügt anfangs ein Meter. Bleibt unser Riesenschnauzer sitzen, können wir weiter zurückweichen, ohne ihm allerdings den Rücken zuzuwenden. Die Leine, die uns ja zu diesem Zeitpunkt noch mit dem Hund verbindet, darf sich keinesfalls straffen.

Klappt auch dies, lassen wir die Leine möglichst unauffällig fallen und vergrößern weiter den Abstand bis auf einige Meter.

Nun gehen wir wieder auf den Hund zu, dabei niemals in dieser Phase einen Bogen schlagen. Dem Hund zugewandt und langsam bewegen wir uns mit häufig wiederholtem Kommando „Sitz!" auf ihn zu, bis wir wieder vor ihm stehen.

Das Kommando „Sitz!" nicht zu hart aussprechen, denn es kann sein, daß sich der Riesenschnauzer noch

eine Stufe tiefer in Platzstellung begibt. Klingt der Ton zu freundlich,
wird sich auch der Hund freuen und
versuchen, zu uns zu kommen oder
uns anzuspringen, wenn wir bereits
nahe genug stehen. Wir loben erst
tüchtig, wenn wir wieder neben ihm
stehen und er immer noch sitzt.

Beherrscht der Riesenschnauzer
auch diese Grundübung, kann man
den Abstand weiter vergrößern und
ihm auch den Rücken zuwenden.
Sollte er, was immer wieder passieren
kann, aufstehen, heißt es Ruhe bewahren und ihn konsequent wieder
auf den eben verlassenen Platz setzen. Die Übung wird wiederholt.

Verunsichern sollte man den
Hund durch grobe Behandlung wie
Schütteln nicht, es könnte sonst sein,
daß er sich bei unserem Herannahen
sofort legt.

Die eigentliche Sitzübung erfolgt
gemäß Prüfungsordnung mit dem
frei bei Fuß laufenden Hund. Wenn
der vorgeschilderte Prozeß erfolg-
reich abgeschlossen ist, bedeutet dies
allerdings noch nicht, daß alles in
der Freifolge entsprechend verläuft.
Es muß also wieder einmal geübt
werden.

Bei Kommando „Sitz!" drücken
wir diesmal den Hund mit der linken
Hand auf der Kruppe nach unten,
während die rechte unter den Hals

Sitzübung in drei Phasen

greift. Bei einiger Übung können wir dies aus der Bewegung vollbringen, ohne stehenzubleiben.

Wie zuvor geübt, bewegen wir uns wieder rückwärts, um frühzeitig eingreifen zu können, falls der Hund nachlaufen will. Im weiteren Verlauf genügt es sodann, die geschilderte Bewegung andeutungsweise durchzuführen, d. h. ohne den Hund anzufassen, bis wir in der Lage sind, auch die zu unterlassen, weil der Hund allein auf das Kommando „Sitz!" wie gewünscht reagiert ... er hat verknüpft, sagt der Kenner dazu.

Wenn dieser Grund gelegt ist, wird man mit der Feinarbeit beginnen, die meistenteils geleistet werden muß, weil sich unser Riesenschnauzer nur zögernd setzt oder gar einfach stehenbleibt. Um diesem Zustand abzuhelfen, kann man sich mit einem etwa 50 cm langen Stöckchen ausrüsten, das für den Hund nicht sichtbar mitgeführt wird.

Beim Kommando „Sitz!" tatschen wir mit dieser in der rechten Hand befindlichen Gerte hinter unserem Rücken auf die Kruppe des Hundes. Der Erfolg stellt sich manchmal sogar verblüffend schnell ein, da fast alle Hunde auf diese leichte Einwirkung prompt reagieren, zumal sie nicht wissen, woher diese kommt. Mehrmaliges Üben in der geschilderten Art macht den Einsatz dieser Geheimwaffe dann auch bald überflüssig.

Platzübung

Das Kommando „Platz!" sollte unser Hund möglichst früh beherrschen. Auf dem Übungsplatz mit dem angeleinten Hund verfahren wir folgendermaßen. Aus der ja nun schon bekannten Grundstellung heraus gehen wir mindestens 15 Schritte und drücken sodann, verbunden mit Kommando „Platz!", den Hund auf die Erde. Dies kann anfangs natürlich mit einigen Schwierigkeiten verbunden sein, da ein Hund sich schon einmal sträubt und lieber stehenbleiben will.

Reißen Sie ihn nicht, wie es manchmal zu sehen ist, am Halsband nach unten, sondern drücken Sie massiv auf Widerrist und Kruppe. Wegziehen der Vorderläufe lehnen wir ebenfalls ab, aber wir wissen, daß andere damit gute Erfolge haben.

Haben wir den Hund glücklich nach unten gebracht, halten wir ihn dort und loben ihn. Wiederholen Sie mit ruhiger Stimme das Kommando „Platz!", und achten Sie beim Loslassen darauf, daß der Hund nicht sofort wieder aufsteht. Loben Sie also nicht, wenn Sie sich gerade erheben.

Grundsätzlich sollte man bei dieser Übung außergewöhnlich konsequent sein und auf korrekte Ausführung achten. Die Platzübung wird ja nicht nur in der Unterordnung benötigt, sondern je nach Ausbildung und vor allem Eigenart des Hundes in der Fährte sowie im Schutzdienst gebraucht.

Bleibt der Hund nach entsprechenden Wiederholungen liegen, können wir uns langsam rückwarts schrittweise entfernen. Wir gehen zuerst nicht mehr als fünf Schritte weg und warten nur wenige Sekunden. Nun begeben wir uns wieder zu unserem Hund und loben ihn, während er noch flach auf der Erde liegt. Wenn wir uns dann neben ihn stellen, warten wir immer einen Moment, ehe das Kommando „Sitz!" gegeben wird. Setzt der Hund sich früher, dulden wir dies nicht, sondern drücken ihn wieder hinunter, entfernen uns erneut ein kleines Stück, um den Übungsprozeß zu wiederholen, bis er in der geforderten Weise ausgeführt wird. – Kommt der Riesenschnauzer hinter uns her, steht also auf, dann wird er grundsätzlich wieder konsequent auf den gerade verlassenen Platz gebracht und „hingelegt". Bleibt der Hund nach intensiver Vorübung auf der ihm angewiesenen Stelle, können wir langsam und in Maßen den Abstand vergrößern, ohne allerdings den Hund abzurufen. Das Abrufen erfolgt erst, wenn die Übung beherrscht wird. Also in diesem Stadium keine Experimente!

Wir haben es geschafft, wenn wir einen Abstand von 20 bis 30 Schritt zwischen uns und dem Hund bringen und eine Liegezeit von zwei bis drei Minuten Dauer erreicht wird. Klappt dies, können wir damit beginnen, den Hund abzurufen. Auf Kommando „Hier!" sollte sich der Hund seinem

Platzübung in der Anfangsphase durch Niederdrücken des Hundes

Führer freudig und schnell nähern. Das freudige Kommen kann man beschleunigen, indem man sich vor der Übung mit etwas Wurst ausstattet. Sobald der Hund gerade vorsitzt, bekommt er diese Belohnung.

Dem Kommando „Hier!" fügen wir den Rufnamen des Hundes an. Man sollte allerdings niemals den Namen des Hundes vor das Kommando setzen. Rufen erst dann, wenn der Hund in unsere Richtung schaut. Das Klatschen der Hände auf die Oberschenkel oder an die Brust sollte vermieden werden.

Hunde sind bekanntlich Leckermäuler und pflegen auf Wurst besser zu reagieren als auf wild gestikulierende Bewegungen des Führers. Nach dem Kommen muß der Hund sich gerade vor uns setzen („krumme Touren" sollte man nicht erst einreißen lassen) und so verharren ... ... bis das weitere Kommando „Fuß!" erfolgt; dann begibt sich der Hund wieder an unsere linke Seite. Wie er dorthin kommt, sei es durch Herumgehen, Drehen vor dem Führer, vielleicht sogar mittels Luftsprung, ist eigentlich egal. Als Kenner Ihres Hundes müssen Sie seine entsprechenden Eigenarten kennen und darauf eingehen.

Sollte der Hund das Bestreben haben, im Eifer des Gefechts beim Heranrufen an uns vorbeizulaufen, wird ihm eine lange Leine angelegt, um ihn besser abfangen zu können. Im allgemeinen neigt der Riesenschnauzer aber nicht zu solchen Späßen.

Im fortgeschrittenen Übungsablauf holen wir ihn ruhig einmal wieder ab, also nicht jedesmal herbeirufen. Üben sollte man auch das Kommen, wenn sich Personen auf der Lauflinie aufhalten.

„Platz!" aus dem Laufschritt

Nachdem der Hund den Begriff „Platz!" mit der entsprechenden Bewegung verbunden hat, wird diese Übung nun noch aus dem Laufschritt entwickelt. Große Probleme können bei entsprechender Vorübung dabei nicht mehr entstehen.

Das Kommando kann recht hart gegeben werden und sollte anfangs mit einem massiven Handballendruck auf den Widerrist verbunden sein. Durch die Verbindung von Kommando und körperlicher Einwirkung erreichen wir ein schnelleres Legen und unterbinden ein eventuelles Nachlaufen.

„Steh!"

Diese Übung erscheint im Prüfungsprogramm erst bei der höchsten Stufe der Schutzhundprüfung (Sch-H III), sollte jedoch unserer Meinung nach bereits frühzeitig eingeübt werden. Beim Spazierengehen und vor allem im Straßenverkehr wird sie wohl vorrangig benötigt. Nicht zu unterschätzen ist diese Übung auch bei Ausstellungen. Früh und ohne Druck erlernt, bereits als Welpe bei der täglichen Haarpflege immer wieder angewandt, erleichtert sie das spätere Training.

Zur Einübung schlagen wir folgendes vor. Bereits den Welpen oder Junghund beim Zurechtmachen immer wieder stellen, dabei eine Hand unter dem Bauch, die andere Hand faßt locker unter den Hals. Hörlaut „Steh!" mit viel Lob beim Erfolg.

Beim älteren Hund verfährt man fast ebenso. Im Übungsbetrieb mit angeleintem Hund sollte man den Hörlaut „Steh!" allerdings sanft geben, die linke Hand unter den Bauch, die rechte vor die Brust.

Verharrt unser Riesenschnauzer in dieser Position, loben und langsam vor den Hund stellen, ohne diesem den Rücken zuzukehren. Vermeiden Sie auch hier (wie bei den Übungen „Sitz!" oder „Platz!") jegliches Ziehen an der Leine. Diese Übung sollte man häufig zu Hause oder beim Spazierengehen trainieren. Hat der Hund den Begriff „Steh!" erst einmal verstanden, kann man wieder langsam steigernd den Abstand zu ihm vergrößern.

Setzt oder legt er sich gar hin, gehen wir wieder zu ihm zurück. An der gleichen Stelle, an der der Fehler begangen wurde, stellen wir ihn wieder. Der Prozeß beginnt von neuem ... bis es klappt. Geduld bewahren! Alters- und temperamentbedingt wird es seine Zeit dauern, bis auch diese Übung tadellos sitzt. Achten sie auf die Stellung der Ohren, die meist im voraus verraten, was der Hund vorhat. Hat man sich intensiv mit dem Tier beschäftigt, kann das eine große Hilfe sein.

Wenn zuvor gesagt wurde, den Hörlaut „Steh!" sanft auszusprechen, so muß das natürlich nicht auf jeden Riesenschnauzer zutreffen. Manchmal wirkt ein hartes Kommando Wunder, vor allem, wenn der Hund zum Nachlaufen neigt.

Apportieren

Wir kommen nun zu einem Thema, über das sich schon viele Köpfe heiß geredet haben. Grundsätzliche Frage wäre: Reicht es mir, wenn der Hund spielerisch ein Stöckchen bringt, welches ich weggeworfen habe, und es mir vor die Füße legt, oder soll er gemäß Prüfungsordnung arbeiten?

Im ersten Fall wird wohl kaum jemand mit seinem Riesenschnauzer Probleme haben.

Im zweiten Fall wird es mit intensiver Arbeit verbunden sein, da der Hund in seinem Spiel begrenzt wird und dann Unlustgefühle an den Tag legt – sprich, das Bringholz nicht mehr holt. Man sollte mit seinem Hund so früh wie nur möglich mit dem Apportieren im Spiel beginnen und von vornherein versuchen, die Übung komplett zu vollziehen, zumindest das Festhalten des Gegenstandes und das Vorsitzen zu erreichen.

Hat der Riesenschnauzer einen ausgeprägten Spieltrieb, wird er schnell begreifen, daß man nur mit ihm spielt, wenn er den Gegenstand in die Hand gibt. Dies kann sich aber auf nur einzelne Gegenstände beziehen (z. B. Ball), und es ist möglich, daß er andere Dinge nicht bringt. Wir haben hier z. B. eine Hündin, die von klein auf einen Ball apportierte, sich aber um andere Dinge nicht küm-

Korrektes Vorsitzen
des Hundes
mit Apportierholz

merte, selbst wenn der Ball nicht mehr benutzt wurde.

Schafft es jemand, seinem Riesenschnauzer das Apportieren im Spiel beizubringen, ist er eigentlich zu beneiden; er hat im Grunde nur das Risiko auf einer Prüfung zu tragen, daß sein Hund gerade an diesem Tag keine Lust hat.

Viele werden diese Erfahrung bereits gemacht haben und jeweils froh sein, wenn die Sparte Apportieren auf der Prüfung positiv absolviert wurde.

Wir persönlich spielen sehr viel mit unseren Hunden, und das nicht nur, bis sie das Bringen beherrschen. Leider müssen wir aber auch immer wieder die Erfahrung machen, daß es mit dem Spielapportieren nicht so klappt, wie wir uns das vorgestellt haben. Es kommt somit der Punkt, wo der Begriff Zwangsapport unausweichlich bleibt.

Der Unsicherheitsfaktor eines Spielapportierers ist auf einer Prüfung hoch, wenn man bedenkt, daß gerade in dieser Sparte die Punktzahl so hoch angesetzt ist, daß bei Nichterfüllung die Prüfung nicht bestanden werden kann. Allein aus dieser Regelung kann man erkennen, wieviel Wert auf die Erfüllung dieser Aufgabe gelegt wird.

Schließlich und endlich gehört zum Apportieren das Vollziehen des Vorganges aus der Grundstellung, verbunden mit dem Bringen des Ge-

genstandes auf Kommando und geradem Sitzen vor dem Führer sowie nach dem Abgeben das erneute Einnehmen der Grundstellung an der Seite des Führers.

Die Sitzübung an der Seite sowie das Kommen, verbunden mit dem „Vorsitzen", beherrscht der Hund normalerweise aus der vorhergegangenen Übung zur Unterordnung. Leider verbindet er in den seltensten Fällen diese Dinge mit dem Bringen eines Gegenstandes. Wir fangen also in diesem Stadium wieder von vorne an und kommen oftmals um den Zwangsapport nicht herum.

Nun muß ich unsere Vorstellung von dem bei manchen so verschrienen Zwangsapport erläutern. Geschichtlich verbinden viele diesen Ausdruck mit Tierquälerei und werden in ihrer Ansicht bestätigt, wenn sie den einen oder anderen Abrichter bei dieser Arbeit beobachten. Deren Methoden sind aber veraltet und überholt. Bei uns regieren weder der Knüppel noch ein Stachelhalsband oder ähnliche Gerätschaften. Zwangsapport in unserem Sinne ist eigentlich mehr Zwang für den Führer und stellt enorme Anforderungen an sein Nervenkostüm. Natürlich ist der Hund nicht unbeteiligt und wird ebenfalls gefordert.

Grundsätzlich sollte Zwangsapport niemals auf dem Übungsplatz durchgeführt werden, sondern irgendwo in der freien Natur. Der

Hund soll den ausgeübten Druck nicht mit der Platzanlage in Verbindung bringen. Ein erfahrener Helfer sollte ebenfalls dabeisein, um Hilfestellung zu geben und eventuell unsere Nerven beruhigen, falls diese mit uns durchgehen wollen.

Wir beginnen mit angeleintem Hund in der Grundstellung. Ein Apportierholz mittlerer Größe (etwa 20 cm lang und 5 cm Durchmesser) wird alsdann ca. zwei Meter weit weggeworfen. Mit dem Hörzeichen „Bring" gehen wir mit dem Hund zum Holz. Wir lassen den Hund (vorausgesetzt, er nimmt das Holz nicht gleich auf) Platz machen und öffnen mit beiden Händen seinen Fang. Wichtig ist, daß wir nun den geöffneten Fang über das Bringholz stülpen, ohne dieses anzufassen. Sobald sich das Holz im Fang befindet, drücken wir das Maul sanft zu und bewegen uns mit dem Hund rückwärts zurück zur Abwurfstelle.

Beim Rückwärtsgehen halten wir eine Hand auf den Kopf des Hundes, während die andere Hand unter den Fang faßt, um ein Ausspucken des Gegenstandes zu verhindern.

Sollte der Hund es dennoch schaffen, sich des Bringholzes zu entledigen, lassen wir ihn an dieser Stelle wieder Platz machen und beginnen erneut in der beschriebenen Art.

An der Abwurfstelle angelangt, lassen wir den Hund sitzen, streicheln und loben ihn, achten jedoch darauf,

daß er auch jetzt noch nicht das Holz ausspuckt. Mit dem Kommando „Aus" nehmen wir ihm das Bringholz ab und ziehen ihn wieder an unsere linke Seite.

Die Übung wird mit entsprechenden Pausen so lange wiederholt, bis der Hund allein das Bringholz aufnimmt, ohne Unterstützung festhält und bringt. Dieser Übungsprozeß kann sehr lange dauern, aber auch sehr schnell erledigt sein. Fingerspitzengefühl und Selbstbeherrschung des Führers sind äußerst wichtig. Wer seinen Hund bei dieser Übung straft, wird erhebliche Probleme bei der Weiterübung haben.

Hat der Hund gelernt, das Bringholz aufzunehmen und zu bringen, wird er es eigentlich nie mehr dem Führer vor die Füße werfen oder das Holen verweigern. Sollte es dennoch vorkommen, üben wir in der beschriebenen Art erneut.

Auf dem Übungsplatz können anfangs Schwierigkeiten auftreten, weil der Hund das Bringholz nur langsam und zögernd holt. Hier ist nun der richtige Moment gekommen, wieder zu spielen und so dem Hund Mut zu machen.

Ein wichtiger Tip: Wenn der Hund nach diesem zwanghaften Üben des Apports zum Bringholz geschickt wird, loben Sie ihn erst dann, wenn er das Bringholz aufgenommen hat, sonst kann es passieren, daß er eine falsche Verbindung herstellt und ohne Bringholz wieder zurückkommt. Beim Üben nie die Geduld und nie die Ausdauer verlieren, dann klappt es auch; manchmal ganz schnell oder erst nach vielmaligem Wiederholen.

Der gesamte Übungsprozeß kann bei intensiver Anwendung 14 Tage dauern, sofern täglich geübt wird. Die Übungseinheiten sollten 30 bis 40 Minuten nicht überschreiten.

Apportieren über die Hürde

An der Grundausführung ändert sich eigentlich nichts, der Hund muß das Bringholz lediglich über eine 1 Meter hohe Hürde bringen.

Zum Üben reicht anfangs eine geringere Höhe, wobei es nicht notwendig ist, gleich mit einem Bringholz zu arbeiten. Anfangs soll nur das Hin- und Herspringen trainiert werden. Eventuell springen wir zuerst mit, denn schließlich heißt es ja Hundesport. Auf jeden Fall achten wir darauf, daß der Hund den Hin- und Rücksprung ausführt, ohne an der Hürde vorbeizulaufen.

Sind wir sicher, daß hier keine Probleme mehr bestehen, üben wir bei geringer Höhe mit dem Bringholz. Der Hund bleibt dabei noch an einer längeren Leine, und wir laufen anfangs mit.

Im späteren Prozeß hat der Hund auf Kommando „Hop!" zu springen

und mit dem Kommando „Bring!" das Bringholz aufzunehmen und nach durchgeführtem Rücksprung vor dem Führer Sitzposition einzunehmen. Erst nach Abnehmen des Bringholzes erfolgt auf Kommando „Fuß!" die erneute Einnahme der Grundstellung.

Auf fremden Plätzen lassen Sie am besten den Hund an der Leine über die vielleicht anders aussehende Hürde springen, damit er sich daran gewöhnen kann. Bei der Übung sollte man immer von beiden Seiten des Hindernisses apportieren lassen.

Apportieren über die Schrägwand

Zum Glück gibt es seit längerer Zeit nicht mehr die Steilwand, aber auch an der Schrägwand können für den Hund Probleme auftauchen.

Oftmals sieht man, wie der Führer bemüht ist, seinen Hund über die 180 cm hohe Schrägwand zu ziehen, die ja verstellbar sein muß.

Anfangen wird man am besten mit größtmöglichem Winkel, damit der Hund läuft und keinesfalls springt. Von Übung zu Übung kann man sodann durch Zusammenschieben der beiden Wandschenkel den Winkel verkleinern und so die Höhe steigern.

Bewegt sich der Hund sicher über die Schrägwand, kann man wieder mit großem Winkel das Apportie-

Vorbereitung zum
Hürdensprung

ren gemäß dem Übungsprozeß vollziehen.

Bei schrittweiser Steigerung in der Durchführung der Übung verkleinern wir langsam den Winkel, bis die verlangte Höhe erreicht ist.

Lassen Sie Ihren Hund an einem Tag nicht zu oft springen, aber üben Sie auch hier von beiden Seiten.

Voraussenden

Wir pflegen diese Übung, bei der der Hund sich ja von uns lösen muß, grundsätzlich nur mit Leckerchen durchzuführen. Mit dem angeleinten Hund begeben wir uns zu dem Platz, zu dem er laufen soll, und deponieren dort in seinem Beisein

Freude nach getaner Arbeit: Schmuseeinheit!

und für ihn sichtbar ein Leckerchen (Wurst o. ä.).

Wir lassen den Hund ruhig noch schnüffeln, nehmen ihn dann aber (hoffentlich gegen seinen Widerstand) mit. Gut fünf Meter von dem Leckerchen entfernt nehmen wir Grundstellung ein und gehen alsdann mit dem Hund 3–4 Schritte an.

Der Hund wird dabei abgeleint und mit Kommando „Voraus!" zum Leckerchen geschickt. Läuft er hin und frißt, erfolgt Kommando „Platz!", wobei wir uns sofort zu dem Hund begeben. Legt er sich nicht sofort, müssen wir im Zweifelsfall rennen, um ihn an weiterem Schnuppern zu hindern.

Läuft der Hund nicht zum Leckerchen, gehen wir dorthin und rufen ihn mit Kommando „Voraus!" zu uns. Wir zeigen immer wieder die Belohnung, bis er selbständig hingeht.

Klappt die Vorübung gut, vergrößern wir langsam den Abstand und üben vor allen Dingen in alle Himmelsrichtungen. Läuft der Hund auf etwa 40 Schritt zügig, ändern wir den Verlauf der Übung folgendermaßen. Das Leckerchen wird gelegt, bevor der Hund auf den Platz kommt.

Wir schicken ihn auch jetzt mit Fingerzeig in die entsprechende Richtung. Mit einiger Übung kennt der Hund das Spiel und wird sich meist auf das „Voraus!" freuen.

Lassen Sie Ihren Hund nie blind laufen, bis er diese Übung einwandfrei beherrscht. Erst jetzt schicken Sie ihn ohne Leckerchen und loben und belohnen nach erfolgter Durchführung. Will sich Ihr Hund nicht legen, hilft nur noch Rennen, um ihm unmißverständlich klarzumachen, daß er auf Kommando „Platz!" eine liegende Stellung einzunehmen hat und nicht stöbern soll.

Schutzdienst

Als letzter Abschnitt kommt nun die sogenannte „Krönung der Ausbildung unseres Riesenschnauzers, der Schutzdienst, zur Sprache. Heißgeliebt und dennoch oftmals vernachlässigt, auf jeden Fall im Verhältnis zur allgemeinen Ausbildung vielfach zu hoch bewertet.

Wenn man bedenkt, wie oft man den Schutzhund zu seinem eigenen Schutz benötigt, wird man dieser Meinung bestimmt zustimmen. Man beachte auch die strafrechtlichen Bestimmungen, wonach man nicht Tiere auf andere Menschen hetzen darf, ohne gegen das Gesetz zu verstoßen. Man sollte immer daran denken, daß der Hund eine Waffe in der Hand des Führers darstellt und nur bei einem Notstand zum Einsatz gebracht werden darf.

Allen Vorbehalten zum Trotz, hat die Ausbildung des Riesenschnauzers im Schutzdienst einen Vorteil. Wir sichern durch konsequente Arbeit unsere Waffe Hund, da er bei der Mannarbeit absoluten Gehorsam leisten muß. Verfügt unser Riesenschnauzer über einen ausgeprägten Kampftrieb und zeigt Mut und Härte, wird dieser Teil der Ausbildung die meiste Freude machen und unsere Rasse gut vertreten.

Das Argument, ich will meinen Hund nicht scharfmachen, kann in keinem Falle gelten, da eine gute Ausbildung mit der sogenannten Scharfmacherei nichts zu tun hat. Allerdings fordert ein mannscharfer Hund auch einen umsichtigen und konsequenten Führer. In der Ausbildung zum Schutzdienst wird die dem Hund eigene Veranlagung zum Bewachen und Schützen gefördert und gesteuert, ohne daß dies in blutrünstiges Verhalten ausartet.

Vermeiden muß man das Hetzen auf dem eigenen Grundstück und in der freien Natur, wenn dies nur dazu dienen soll, den erwünschten Schutztrieb des Hundes in blindwütige Beißerei umzuwandeln. Lassen Sie Ihren Hund auch nicht durch fremde Personen im Zwinger ärgern, um zu testen, wie haltbar die Gitter sind. Hat ein Hund die gewünschte Veranlagung, aufzupassen, wird er es von sich aus tun und so bei Außenstehenden gewiß nicht ohne Eindruck bleiben.

Ruhigstehende Personen sollte kein Riesenschnauzer angreifen, dies sind Erfahrungen, die durch unsere Hunde immer wieder bestätigt wurden und von einem guten Wesen zeugen.

Natürlich gibt es auch bei unserer Rasse Hunde, die ihren Besitzer wegen fehlendem Kampftrieb zur Weißglut treiben. Meistens werden diese Hunde von Sportlern wieder abgegeben. Man kann nur hoffen, daß sie in Hände gelangen, die der mangelnden Veranlagung Rechnung tragen, mit ihrem Hund aber trotzdem zufrieden sind und vorhandene gute Eigenschaften höher bewerten als ausgeprägten Kampftrieb.

Ebenso mag es Tiere geben, die auf dem Übungsplatz ob guter Leistungen immer wieder zur Bewunderung Anlaß geben, zu Hause allerdings ein friedliches Leben vorziehen und jeden Besucher, sei er auch noch so ungebeten, freudig begrüßen.

Neben diesen erwähnten Typen haben wir auch ab und zu noch die „Angstbeißer" oder „Angstbeller", die wegen mangelndem Mut bei jeder Kleinigkeit aggressiv reagieren, ohne jedoch jemals offen zum Angriff überzugehen.

Sollte es nun Leser geben, die behaupten, unserer Rasse wären die geschilderten negativen Eigenschaften fremd, so möchten wir fast meinen, er gehe mit geschlossenen Augen durch die Welt. Wenn man an einem Tier hängt, und dies tun wohl alle Hundeliebhaber, so sollte man seine Augen vor den Fehlern eines Hundes trotzdem nie verschließen, aber statt dessen versuchen, das Beste aus der vorhandenen Veranlagung zu machen.

Für den Schutzdienst trifft dies besonders zu. Wir sagen immer wieder,

ein Hund mit entsprechender Veranlagung bereitet wenig Probleme. Interessant wird es erst, wenn man durch intensive und auf den Hund zugeschnittene Arbeit Ergebnisse erzielt, die nicht zu erwarten waren.

Aus dieser Sicht gestaltet sich die Schutzdienstausbildung immer wieder neu und fordert vom Hundeführer ein hohes Maß an Nachdenken. Es gibt hier keine allgemeingültige Regel oder Arbeitsweise, die bei allen Hunden zum gewünschten Erfolg führen wird.

Auch vom Ausbildungswart und Schutzdienst-Helfer ist dies besonders zu beachten, gerade sie müssen sich auf jeden Hund gesondert einstellen können, seine Eigenarten erkennen und diese vor allen Dingen zusammen mit dem Hundeführer fördern.

Für viele scheint Vorerwähntes normal, ja selbstverständlich zu sein; unsere Erfahrungen sind aber teilweise gegenteilig. Oft erscheint es so, als seien einige Helfer betriebsblind geworden oder vielleicht, um es prägnanter auszudrücken, auf andere Rassen geeicht. Der optimale Helfer darf keine Unterschiede hinsichtlich der Eignung einer Hunderasse machen, er sollte sich aber auf die Eigenarten einer jeden einstellen können.

Der Schutzdienst-Helfer ist der wichtigste Mann in der Schutzdienstausbildung, von ihm kann Weh und Wohl abhängen. Schafft er es, zusammen mit dem Führer den Hund optimal vorzubereiten, wird er in den Himmel gehoben – schafft er es nicht, hat er die alleinige Schuld zu tragen und wird verdammt, obwohl es nicht an seiner Arbeit liegen muß. Besteht ein Hund bei ihm als Helfer die Schutzhundprüfung, ist er der Größte, fällt der Hund bei seinem Schutzdienst durch, möchte man ihm am liebsten in den verlängerten Rücken treten. Aber da geht es dem Helfer wie dem Leistungsrichter, der gleiches Ansehen oder gleiche Mißgunst genießt.

Fest steht für uns, daß ein guter Helfer Hundesportler magisch anzuziehen scheint. Seine Aufgabe wäre es somit auch, andere Sportfreunde in diese Materie einzuweihen, um so den Kreis objektiver und auch aktiver Kollegen auszuweiten, damit die „Krone" des Hundesportes bestehen bleibt und jeder Hundeführer mit seinem Hund die optimale Ausbildung erfährt.

Nach den vorangegangenen (mir schien es notwendigen) Worten möchten wir nun zum eigentlichen Thema kommen und mit der Aufbauphase beginnen.

Aufbauphase beim Welpen oder Junghund

Mit der Schutzdienstarbeit beginnen wir schon im Hundealter von 14 bis 16 Wochen. Zu dieser Zeit kommt der Welpe ohnehin mit auf den Übungsplatz, um sich an die Atmosphäre zu gewöhnen. Speziell bei Beginn der Schutzdienstarbeit ist der Riesenschnauzer sodann zugegen. Er wird so postiert, daß er den Ablauf verfolgen kann.

Zeigt sich der Hund interessiert, haben wir eine gute Ausgangsposition, zeigt er sich eher teilnahmslos, hat dies in diesem Stadium keine große Bedeutung. Stellen wir fest, daß er durch das Bellen der anderen Hunde verunsichert wird, müssen wir uns mittels guter Zusprache besonders um ihn bemühen.

Eine eventuelle Bedrohung, die durch den Helfer, durch seine auffällige Kleidung bzw. durch das Schlagen mit dem Stock auf den kleinen Riesenschnauzer ausgehen kann, wird von uns dadurch vermieden, daß wir schon von Anfang an den Kontakt zwischen Hund und Schutzdienst-Helfer lange vor dem eigentlichen Schutzdienst fördern. Der Helfer kann ruhig mit dem Kleinen spielen, der sich so an die ungewohnte Montur gewöhnt und die entsprechenden Geräusche nicht als Gefahr einordnet. Trotz dieser Vorübung hat bei uns noch kein Hund an Kampftrieb eingebüßt.

In diesem Zusammenhang möchten wir darauf hinweisen, daß man einem Hund ohnehin keinen Kampftrieb anerziehen kann. Wir sind lediglich in der Lage, vorhandene Anlagen zu fördern; und so liegt es fast immer am Hundeführer oder Besitzer, wie genau er seinen Hund zu Hause und auf dem Übungsplatz beobachtet, um seine Leistungsfähigkeit richtig einschätzen zu können.

Nach weiteren 14 Tagen kann man den Riesenschnauzer mit in die Ringhetze nehmen. Zu diesem Zweck legen wir ihm am besten ein Brustgeschirr (Suchgeschirr) an, damit er nicht durch den Zug am Halsband am Bellen gehindert wird. In der Ringhetze lassen wir den jungen Hund nicht direkt anhetzen, sondern beobachten zunächst auch hier nur sein Verhalten.

Bei einem wesensstarken Hund ist es wahrscheinlich, daß dieser sich erst einmal setzt, um die ganze Angelegenheit zu betrachten. Der Hundeführer sollte nicht voraussetzen, daß sich sein Hund nun im Alter von etwa fünf Monaten wie eine Bestie gebärdet, dieses Verhalten wäre für uns auch völlig unerwünscht.

Zeigt sich der Hund ängstlich, wird er beruhigt. In keinem Falle darf er von dem Helfer schon bedrängt werden!

Haben wir es geschafft, daß der Hund eine abwartende Haltung einnimmt, kann sich auch der Helfer um ihn kümmern: Mit dem Sack bewegt er sich nun zügig um Hund und Führer. Hat der Riesenschnauzer dabei das Bestreben, den Helfer bzw. den Sack anzugehen, soll der Helfer Fluchttendenz zeigen. Durch das

schnelle Ziehen des Sackes über den Boden vom Hund weg wird der Beutetrieb gefördert. Zudem stärken wir andererseits einen etwas unsicheren Hund durch die Tatsache, daß kein Angriff erfolgt, sondern im Gegenteil eine Flucht des Helfers.

Ist bemerkbar, daß der Kleine den Sack haben will, läuft der Helfer seitlich am Hund vorbei, so daß er die Möglichkeit erhält einzubeißen. Der Sack wird unverzüglich losgelassen. In diesem Stadium kann allein deshalb schon nicht gezerrt werden, weil der Hund noch sein Milchgebiß hat bzw. gerade in der Zahnung befindlich ist. – Diese Übung bezeichnen wir als Wecken.

Bei intensiver Schulung weiß der Hund sehr bald, was in der Ringhetze passiert und steigert so seine Aufmerksamkeit. Läßt der Helfer ihn nun nicht mehr direkt nach dem Anhetzen einbeißen, sondern verhält sich abwartend vor dem Hund, beginnt dieser meist bei einiger Geduld zu bellen. In diesem Falle bekommt er wieder den Sack. Wir bereiten den jungen Hund also durch diese Übung auf das Verbellen vor, ohne ihn zu stark zu fordern.

Im Einzelfall hängt gerade in dieser Phase sehr viel von der Verhaltensweise des Helfers ab, der ein erfahrener Mann sein muß. Leider hat der Anfänger von dieser Materie nur wenig Ahnung und ist so darauf angewiesen, richtig beraten zu werden.

Wir können also nur hoffen, daß Sie diesen Spezialisten finden, der sich auf Ihren Hund einstellen kann.

Bei richtiger Durchführung lernt der Riesenschnauzer jedoch durch den anfangs spielerisch geforderten Beutetrieb, daß er erst den Sack erhält, wenn er Laut gegeben hat.

Haben wir nun unseren Hund soweit, daß er bellt, können wir dies aus der Ringhetze heraus am Versteck üben. Der Helfer bewegt sich vor uns her zum Versteck, wobei wir ihm sozusagen auf dem Fuße folgen, ohne daß der Hund die Möglichkeit erhält, den Sack zu erlangen. Am Versteck angelangt, bleiben wir vor dem Scheintäter stehen.

Unter normalen Umständen müßte unser Hund nun ebenfalls bellen. Tut er dies, erfolgt eine Flucht des Helfers aus dem Versteck, wobei der Riesenschnauzer die Möglichkeit erhält, den Sack zu erlangen. Diesen läßt der Helfer dann sofort los. Auch hier führt andauerndes Üben zum Erfolg.

Verbellt der Hund nun intensiv, wird die Verbelldauer bis zur Flucht gesteigert, allerdings niemals so lange ausgedehnt, daß unser Hund unlustig wird. Wir müssen immer bedenken, daß dieser noch sehr jung ist und langsam aufgebaut werden muß.

Als nächstes vergrößern wir den Abstand von uns zum Hund durch Anlegen einer langen Leine. Hier haben wir die Möglichkeit, zu erkennen, ob der Hund führerabhängig ist und somit zu uns zurücktendiert oder ob er inzwischen soweit gefestigt ist, daß er allein am Helfer bleibt. Tendiert der Hund zu uns, müssen wir den Abstand wieder verringern und den Helfer veranlassen, des öfteren das Versteck fluchtartig zu verlassen. Ein häufiger Versteckwechsel ist hierbei ratsam.

Bleibt der Riesenschnauzer am Versteck, können wir die Leine langsam ganz loslassen. Der Hund ist in diesem Alter noch nicht stark genug, um diese Freiheit auszunutzen und den Helfer anzugreifen.

Sollte er es dennoch versuchen, genügt es meist, wenn der Helfer ein Knie anhebt, um den jungen Hund abzuhalten. Verbellt unser Riesenschnauzer wieder den Helfer, erfolgt die Flucht. Nun muß der Führer seinen Hund durch seine Anwesenheit unterstützen. Er muß sich ihm also nähern. Der Helfer hat die Aufgabe, zusammen mit dem Hund, der ja den Sack mit den Zähnen hält, in Richtung auf den Führer zu arbeiten.

Für den Führer gilt es, absolute Ruhe zu bewahren und nicht auf den Hund loszurennen. Diese Handlung verunsichert nämlich viele Hunde, die nun den Sack loslassen und sich vom Helfer entfernen. Den Hund also ruhig am Halsband ergreifen und loben. Erst in diesem Stadium gibt der Helfer den Sack ab.

Haben wir im Alter der Zahnung schon das Verbellen eingeübt, werden wir wohl kaum noch einmal Probleme haben. Schwierigkeiten können sich allerdings bei der Umgewöhnung in den Beißarm ergeben. Einige unserer Riesenschnauzer hatten hierbei keinerlei Hemmnisse, den doch ungewohnten Arm anzunehmen, andere jedoch taten sich etwas schwer. Sie bissen zwar nach wie vor in den Sack, lehnten allerdings den Arm ab.

Folgende Möglichkeit brachte uns meist den Erfolg. Der Hund wurde nur noch in der Ringhetze mittels Beißarm geärgert, ohne ihm die Möglichkeit zu geben, an diesen heranzukommen. Diese Arbeit wurde unter Umständen einige Wochen durchgehalten. Der Riesenschnauzer steigerte sich immer mehr in seine Wut, nicht an den Helfer heranzukommen.

Im richtigen Augenblick (man muß ihn suchen) bekam er seine Chance und biß zu, ohne zu überlegen, wohinein! Nach diesem ersten Anbiß wurde wieder einige Zeit nur gehetzt und sodann ein erneuter Versuch gestartet. Der Hund gewöhnte sich so langsam an den Beißarm und nahm ihn einige Zeit später ohne Probleme an.

Viele Hundeführer glauben allerdings, keine Zeit dafür zu haben und doktern lange herum, wobei oftmals die Situation nicht verbessert wird.

Geduld und Ausdauer ist auch hier wie in der gesamten Hundeausbildung oberstes Gebot. Gleiches gilt übrigens auch für sogenannte Frühentwickler, Hunde, die bereits mit acht oder neun Monaten einen kompletten Schutzdienst machen und entsprechend gefordert werden. Beim Riesenschnauzer ist dies oftmals ein Zeichen, das zur Vorsicht mahnt. Es wäre nicht das erste Mal, daß der Hund dann im Alter von 15 Monaten nicht mehr beißt.

Aufbau eines älteren Hundes

Aus den unterschiedlichsten Gründen kann es sein, daß man sich zum Kauf eines älteren Hundes entschließt. Kenner werden diesen Riesenschnauzer einer Überprüfung unterziehen, um sich vom Wesen und der Veranlagung zu überzeugen. Der reine Hundeliebhaber dagegen kann sich den zukünftigen Hausgenossen nur anschauen und ihn bei Gefallen mitnehmen. Er ist darauf angewiesen, was ihm Züchter oder Vorbesitzer über die Eigenschaften berichten.

Gerade bei der Abgabe von erwachsenen Hunden sollte man, soweit möglich, erkunden, warum dies erfolgt. Züchter oder Vorbesitzer haben meist ihre Gründe, warum sie sich von diesen Hunden trennen. Die Tiere müssen dabei weder bösartig noch mit Krankheit behaftet sein. Es kann vorkommen, daß ein Hund nicht zur Zucht genommen werden kann, weil er den strengen Anforderungen des Zuchtverbandes nicht genügt, d. h. gewisse Ausstellungsergebnisse nicht bringt. Es können Zahnfehler oder sonstige Mängel vorliegen, die auf den ersten Blick nicht erkannt werden können.

Es kann aber auch sein, daß der Riesenschnauzer falsch angefaßt wurde und man mit ihm in der Ausbildung nicht weiterkam. Die eigentlichen Gründe werden oftmals erst offenbar, wenn der Hund sich bei uns eingelebt hat und wir mit ihm arbeiten wollen.

Wir mußten bereits einmal solche Erfahrung bei einem Riesenschnauzer machen; er zeigte später starke Stockscheu, die anfangs nicht ersichtlich war.

Jedoch konnten wir mit intensiver Arbeit den Schaden größtenteils beheben. Unsicherheitsfaktoren, besonders beim Wechsel des Helfers, können aber immer wieder auftreten.

Man sollte einen erwachsenen Riesenschnauzer nur kaufen, wenn dieser auf HD (Hüftgelenkdysplasie) geröntgt ist.

Lautet das Ergebnis 0-1-2, können wir den Hund ohne weiteres in der sportlichen Ausbildung einsetzen. Die Bezeichnungen HD 0-1-2 erklären sich für die PSK-Rassen wie folgt:

- HD 0: Absolut gesunde Hüftgelenke
- HD 1: Fast normal (Grenzfall) und ebenfalls voll belastbar
- HD 2: Leichte Krankheitserscheinungen, man kann jedoch auch hier noch ohne Probleme arbeiten (allzu häufiges Springen sollte allerdings vermieden werden); zur Zucht nicht mehr zugelassen.

Bei Befunden wie HD 3 und 4 (mittlere und schwere HD) sind Beschwerden über kurz oder lang zu gewärtigen.

Die Ausbildung ist mit der des Junghundes identisch. Da wir bei einem erwachsenen Riesenschnauzer kaum über die Wesensveranlagung informiert sind, empfiehlt es sich, dem Hund eine Eingewöhnungsphase zu Hause zuzugestehen. Hat der Hund sich eingelebt (diese Phase kann bis zu sechs Monate oder länger in Anspruch nehmen), nehmen wir ihn mit auf den Übungsplatz. Auch hier lassen wir ihm einige Tage Zeit, die neue Umgebung kennenzulernen, bevor wir mit der Arbeit anfangen.

Den Schutzdienst beginnen wir sodann mit der Ringhetze. Zeigt der Riesenschnauzer Angriffslust oder verhält sich abwartend, liegt eine gute Voraussetzung für die weitere Arbeit vor. Zeigt er sich ängstlich, muß man größere Schwierigkeiten erwarten, da wir, wie zuvor erwähnt, nie genau

Beißübung an der Leine mit Unterstützung des Hundeführers

wissen, wie der Hund bislang behandelt wurde und welchen Einflüssen er unterworfen war.

Im ersteren Fall neigen wir dazu, wie in der Junghundphase, mit Hetzen und Verbellen zu arbeiten. Beim Verbellen kann man mit mehr Problemen rechnen, da der erwachsene Riesenschnauzer naturgemäß um einiges kräftiger zulangt als der Junghund.

Wir lassen den Hund somit erst an der langen Leine verbellen, um den Gewöhnungsprozeß einzuleiten.

Bleibt der Hund am Helfer, wird er nach einigen Übungen abgeleint, um auch dabei sein Verhalten zu beobachten. Da ich selber als Schutzdienst-Helfer tätig bin, fällt es mir nicht schwer, auf die einzelnen Verhaltensweisen entsprechend zu reagieren. Ungleich schwerer ist es jedoch, in diesem Buch auf jede Eigenschaft unserer Hunde einzugehen.

Man kann davon ausgehen, daß ein Riesenschnauzer, der noch wenig im Schutzdienst gefordert wurde, mittels angehobenem Knie vom Einbeißen im Versteck abgehalten werden kann. Ich würde nie auf den Gedanken kommen, den Hund abzuschlagen (d. h. mit dem Hetzstock vor die Läufe zu schlagen, wenn er versucht zu beißen). Der Einsatz von elektronischen Ausbildungsgeräten wird von uns ebenfalls abgelehnt.

Gute Erfolge konnten wir mit Folgendem erzielen, wobei ein gutes Auge und Reaktionsfähigkeit Voraussetzung sind: Versucht der Hund einzubeißen, erhält er mit der freien Hand einen Klaps auf die Nase. Wird dies richtig durchgeführt und vom Hundeführer durch entsprechendes Kommando (Laut) unterstützt, ist der Erfolg nach einigen Übungsstunden gesichert. Zwischenzeitliche Ausfälle aus dem Versteck dienen dazu, das Interesse des Hundes zu erhalten und ihn gleichfalls zu konditionieren, nur bei fluchtartiger Bewegung anzugreifen.

Eine weitere Möglichkeit besteht darin, dem Helfer einen Stuhl mitzugeben. Schicken wir unseren Hund nun zum Verbellen, hält der Helfer den Stuhl mit den Beinen nach vorn vor sich. Normalerweise kann der Hund bei entsprechender Ausführung nicht mehr an den Helfer gelangen. Die Reaktion äußert sich sodann im wütenden Bellen. Haben wir dies einige Male geübt, stellt der Scheintäter nun den Stuhl vor sich auf den Boden. Bleibt der Hund wieder stehen und bellt, kann man sodann dazu

übergehen, von Übung zu Übung den Stuhl weiter zur Seite zu rücken, bis dieser ganz neben dem Versteck steht.

In dieser Phase üben wir auch nach der Flucht die Rückkehr mit dem Hund ins Versteck. Drei bis vier Schritte reichen hier als Fluchtandeutung, um den Hund einbeißen zu lassen. In dieser Zeit kann sich sodann der Hundeführer nähern, um nach Einstellen der Kampfhandlung am Auslassen mitzuwirken. Ein scharfes Kommando „Aus!" ist oftmals unausweichlich, der Hundeführer sollte aber nie in das Halsband fassen, um den Hund abzureißen. Im Zweifelsfalle legen wir einen Arm um den Hals des Hundes und drücken ihm so die Luft ab. Nach dem Auslassen erfolgt Kommando „Sitz!-Laut" bzw. „Platz!-Laut".

Der sitzende Hund pflegt meist aufmerksamer zu beobachten, ist aber auch schneller am Helfer. Der liegende Hund bietet mehr Sicherheit, da er nicht so schnell einzubeißen pflegt. Welche Möglichkeit im Endeffekt die bessere ist, ergibt sich aus der Veranlagung des Hundes selber.

Haben wir die Aufgabe des andauernden Verbellens gelöst, beginnen wir mit dem Revieren (Helfersuche durch den Hund). Bei der Schutzhund-Prüfung I wird der Hund in das Versteck geschickt, in dem sich der Helfer befindet, bei allen anderen

Ausbildungsstufen muß der Hund revieren und somit den Helfer suchen.

Auf jedem Übungsgelände befinden sich deshalb mehrere Verstecke, die der Hund auf Anweisung des Führers ablaufen muß.

Bereits bei der eigentlichen Verbellübung wechseln wir jedesmal die Verstecke, so daß der Hund diese bereits kennt. Beim Revieren befindet sich der Helfer nun in einem dieser Verstecke, ohne daß ihn der Hund hat hinlaufen sehen. Wenn wir mit unserem Hund auf den Übungsplatz kommen, schicken wir ihn immer in das Versteck, in dem der Helfer ist. Diese Übung wird in mehreren Übungsstunden so lange durchgeführt, bis der Hund in jedem Versteck einmal verbellt hat.

Nach dieser Phase lassen wir den Hund einmal komplett revieren. Meist beobachten wir, daß unser Riesenschnauzer die Tendenz zeigt, ein oder gar mehrere Verstecke nicht oder nur ungern anzulaufen. Diesen Verstecken gilt nunmehr vermehrt unser Üben. Der Hund wird immer wieder zu diesen bestimmten Verstecken geschickt, in denen sich nun allerdings der Helfer befindet. Läuft der Hund nicht dorthin, gehen wir jeweils mit, um ihm zu zeigen, daß dort wirklich jemand steht. Wir betrachten dabei das Revieren als einen Vertrauensakt, wobei auch in der Übungsstunde nie alles abreviert wird.

Der Hund muß wissen, daß wir ihn nicht in ein leeres Versteck schicken, er muß vielmehr immer die Hoffnung haben, dort wirklich den bösen Mann zu finden. Der Übungsprozeß kann je nach Alter und Erfahrung des Riesenschnauzers mehr oder weniger lange dauern, zeigte aber in allen Fällen unserer Hunde Erfolg.

Der Hund reviert also auf Vertrauensbasis. Wir konnten durch diese Arbeitsweise immer erreichen, daß der Hund sich an jedem Versteck vergewissert, d. h. hineinschaut und nicht, wie es vielfach zu beobachten ist, dieses lediglich umläuft.

Beißen und Bedrohen

In der Ringhetze stellen wir fest, ob der Hund den Arm annimmt, d. h. beißt, und wie er auf die Bedrohung mit dem Stock reagiert.

Der Helfer darf den Hund nicht bedrängen, sondern muß kontrollierte Angst zeigen. Frontal auf den Hund zuzulaufen ist in dieser Phase nur angebracht, wenn keine Schwächen festgestellt werden. Beachten muß man dabei auch, daß der Riesenschnauzer nicht aufläuft, der Helfer ihm also den Schutzarm nicht ins Maul stößt. Exakte schnelle Bewegungen durch den Helfer fordern den Hund und steigern seine Angriffslust.

Gerade bei unseren Riesenschnauzern konnten und können wir

Ausbildung des Schutzhundes: Anhetzen

immer wieder die Erfahrung machen, daß nur ein schneller und korrekter Helfer Erfolge erzielen läßt. Bei müden und lustlosen Bewegungen verliert der Riesenschnauzer das Interesse an der Arbeit. Aufmunterung und Unterstützung durch den Führer wirken dem entgegen.

Beißt der Riesenschnauzer gut ein, kann man ihn mit dem Stock bedrohen. Wir halten dabei von Stockschlägen nicht viel. Die größte Unsicherheit entsteht vielmehr durch das zischende Geräusch des durch die Luft sausenden Stockes. Stellen wir hier Unsicherheiten fest, wird der Hund nicht mehr direkt bedroht, sondern der Stock auf der dem Hund abgewandten Seite bewegt. Darüber hinaus wird der Riesenschnauzer auch zu Hause mit dem Stock ge-

streichelt, und beim Spazierengehen mit dem zischenden Geräusch von geschwungener Leine und Stock konfrontiert und dabei beruhigt bzw. gelobt, wenn er zu uns kommt.

Hat ein erwachsener Hund allerdings ohne unser Wissen mit dem Stock schlechte Erfahrungen gemacht, sind diese kaum mehr auszubügeln. Innerhalb des Bruchteils einer Sekunde kann er sich daran erinnern, und die erworbene Schwäche tritt wieder zutage. Hier liegt somit auf Dauer ein Unsicherheitsfaktor vor.

In der Ausbildung kann man von folgendem ausgehen: Wenn ein Hund das Geräusch, welches bei der Handhabung des Stockes entsteht, ohne Schwächen verkraftet, übersteht er auch die bei der Prüfung zu verteilenden Schläge. Es ist also für uns sinnlos, bei jedem Schutzdienst den Hund schlagen zu lassen. Haben wir die geschilderten Teile der Schutzdienstvorbereitung abgeschlossen, liegen die besten Voraussetzungen für die weitere Arbeit vor.

Da wir hier die Vorbereitung zum Schutzdienst besprochen haben, möchten wir noch auf etwas hinweisen. Eine Tatsache ist, daß der Mensch dazu neigt, den Hund zu sehr zu fordern. Haben wir einen mutigen Riesenschnauzer in jungem Alter, versuchen viele, möglichst viel zu erreichen. Oftmals stellen sie erst hinterher fest, daß der Hund überfordert wurde. Das Gesagte gilt dabei für alle drei Ausbildungsstufen gleichermaßen und kann nicht oft genug wiederholt werden.

Intensive Ausbildung sollte nicht überstürzt werden. Der Riesenschnauzer kann unserer Erfahrung nach erst im Alter von 18 Monaten voll belastet werden. Wer also nicht über entsprechende Kenntnisse verfügt, sollte auf jeden Fall diese Altersgrenze abwarten und nicht dazu tendieren, seinen Riesenschnauzer bereits im Alter von 14 Monaten auf einer Schutzhund-Prüfung führen zu wollen.

Überfall (Sch-H I)

Bei der Schutzhundprüfung I wird nach dem Verbellen ein Überfall auf den Hundeführer durchgeführt. Der Hund hat in diesem Fall seinen Führer durch Beißen zu verteidigen.

Nach der Prüfungsordnung muß der Hund auf der Strecke zum Überfall abgeleint werden und hat so frei bei Fuß zu laufen, ohne sich von seinem Führer zu entfernen. Viele Hunde pflegen hier auszubrechen, also den Führer zu verlassen, um selbständig den Helfer in Vorahnung des kommenden Überfalls zu suchen. Abgesehen von dem schlechten Bild, gibt es hier auch noch Punkteabzug. Teilweise sind die Hunde dann auch verunsichert, weil der Helfer aus Überraschung bzw. Unsicherheit keinen Überfall durchführt.

Zu Anfang wird der Riesenschnauzer also an der Leine zum Ort des Überfalls geführt. Die Führerleine soll dabei locker durchhängen, der Hund also nicht ziehen. Beim Vorprellen pflegen wir nach bewährter Methode vorzugehen und den Hund kurz in die Flanke zu kneifen. Weiß unser Riesenschnauzer nämlich erst einmal, worum es geht, und durfte er an der Leine ziehen, wird er dies immer probieren, so daß man später unnötigerweise mit härteren Methoden einwirken muß, um eine Verhaltensänderung zu erzielen.

Wir üben in dieser Phase zur Verstärkung des Vorgeschilderten das Vorübergehen am Versteck ohne sofortigen Überfall. Anfangs wird es natürlich jedem Hund schwerfallen, bei Fuß am Helfer vorbeizugehen,

Verbellübung am
Versteck mit
Unterstützung des
Hundeführers

ohne diesen anzugreifen, wenn wir nicht entsprechende Vorarbeit geleistet haben. Selbst wenn, sollte man seinen Hund immer im Auge behalten. Bekanntlich haben wir keine Maschine an der Leine, und so sind Überraschungen immer möglich.

Wichtig ist also, den Hund durch fortlaufende Übung erkennen zu lassen, daß nicht immer beim erstmaligen Vorübergehen am Versteck ein Überfall erfolgt. Günstig ist es auf alle Fälle, wenn vor Beginn der Übung mit dem Helfer die Durchführung besprochen wurde und die-

ser weiß, wie er sich zu verhalten hat. Bei einem starken, gut aufgebauten Hund begeben wir uns in Fortführung der Übung direkt zum Versteck, aus dem der Helfer zum Überfall erscheint.

Bei schwächeren Hunden verfahren wir ähnlich, bleiben jedoch etwa vier Meter vor dem Versteck stehen, aus dem der Helfer nun kommt, unseren Hund anhetzt, um ihn erst dann anbeißen zu lassen. Der Hund selber kann sich somit auf die Situation einstellen und wird nicht über Gebühr überrascht. Diese Vorübung

Bestätigen nach
Verbellen durch
Einbeißen

kann auch gut aus der Ringhetze durchgeführt werden.

Auf jeden Fall sollte für einen oftmaligen Versteckwechsel gesorgt werden, gleichfalls sind verschiedene Lichtverhältnisse mit einzubeziehen. Bereits ein Schatten kann auf den Hund so überraschend wirken, daß er nicht mehr beißt. Je mehr unser Riesenschnauzer also vor einer Prüfung kennenlernt, um so zuverlässiger wird er auch unter den unterschiedlichsten Verhältnissen arbeiten.

Nach dem Überfall, den unser Hund durch Einbeißen verhindert hat, erfolgt die eigentliche Kampfhandlung. Diese ist von seiten des Helfers für den Hund interessant zu gestalten. Gerade unser Riesenschnauzer braucht Aktion, um sich zu entfalten. Die Kampfhandlung sollte daher auch nicht zu kurz dauern. Stellt der Helfer seine Handlung ein, warten wir ebenfalls noch einen Moment, damit der Hund sich abreagieren kann.

Bei genauer Beobachtung kann man meistens den Augenblick erkennen, in dem der Hund seinen Griff lockert. Jetzt erst ist der Moment für das Kommando „Aus!" gekommen. Passen wir diesen Moment richtig ab, läßt der Hund oftmals von allein aus. Bleibt er jedoch in den Schutzarm verbissen, so legen wir wieder den Unterarm um seinen Hals und drücken ihm so konsequent die Luft ab. Hat unser Riesenschnauzer abgelassen, bringen wir ihn wieder in sitzende oder liegende Position.

Haben wir das Verbellen ordentlich geübt, werden wir nun kaum noch Probleme haben, denn normalerweise wird der Hund nun den Helfer bedingt durch das Verbellen aufmerksam beobachten. Leider wird es jedoch vielfach so gehandhabt, daß der Hund erst einmal das Beißen lernt und so nach dem Auslassen scheinbar uninteressiert wirkt. Er beobachtet den Helfer nicht.

Das ist aber ein Ausbildungsfehler. Vielfach wird noch die Meinung vertreten, daß ein erneuter Überfall auf den Hund – wenn dieser wegschaut – die Beobachtungsgabe fördert. Dies ist nicht der Fall, da der Hund über erheblich besseres Reaktionsvermögen verfügt als der Mensch. Zudem verbindet er recht schnell, daß nur dann angegriffen wird, wenn er uninteressiert wirkt. Wir erreichen also genau das Gegenteil von dem, was wir eigentlich wollen.

Richtig ist, sich in Geduld zu üben und auf den Moment zu warten, da der Hund einen Blick an den Helfer verschwendet. Jetzt erfolgt ein An-griff. Es ist hierbei genauso sinnlos, den Hund durch leichte Bewegungen oder Zischlaute auf sich aufmerksam machen zu wollen. Alle unsere Hunde beobachten einwandfrei nach dieser Methode, die auch bei Sportkollegen den gleichen Erfolg brachte.

Arbeitet der Riesenschnauzer bei dieser Übung einwandfrei und klappt vor allem das Auslassen mit der nachfolgenden aufmerksamen Beobachtung, folgt der nächste Ausbildungsteil.

Abwehr eines Angriffs mit Lauerstellung

In der alten, bis zum Dezember 1996 gültigen Prüfungsordnung war der jetzt folgende Ausbildungsabschnitt unter dem Begriff „Lange Flucht" bekannt. Das Hetzen eines Hundes auf Menschen ist aber nicht statthaft und auch im Ausbildungsbereich inzwischen verpönt.

Eine Ausbildungsmöglichkeit, um den Selbstschutzeinsatz des Hundes zu gewährleisten, wird nun von der Prüfungsordnung folgendermaßen umschrieben.

Die Abwehr eines Angriffs mit Lauerstellung gestaltet sich wie folgt: Der Hundeführer begibt sich mit seinem Riesenschnauzer in ein Versteck, während sich auch der beteiligte Schutzdiensthelfer außer Sicht begibt. Nach Anweisung des Leistungsrichters kommt im Bereich der

Prüfungsordnung Sch-H I der Hundeführer mit seinem angeleinten Hund aus dem Versteck und stellt sich in der Platzmitte auf. Der Hund wird nun abgeleint und am Halsband festgehalten.

Der Helfer wird angewiesen, sein Versteck zu verlassen, überquert in normaler Gangart den Platz. Der Hundeführer fordert den Helfer nun auf, stehen zu bleiben, eine Aufforderung, die der Helfer mißachtet und stattdessen frontal Hundeführer und Hund angreift. Nun kann der Hundeführer seinen Hund einsetzen, der den Helfer durch Einbeißen zu stellen hat. Auch hier sind wieder Vorübungen vonnöten, um den Hund auf die Übung vorzubereiten. Bisher waren wir ja immer recht nahe dabei, nun soll unser Hund aber eine größere Entfernung überbrücken und ziemlich selbständig arbeiten.

Um den Hund an die Entfernung zu gewöhnen, legen wir ihm ein Geschirr sowie eine 10 m lange Leine an. Die Leine lassen wir zunächst bis zur Hälfte durchlaufen, sodann wird der Hund wieder vom Helfer, der sich ja auf dem Weg zu uns befindet, angehetzt und darf beißen. Der Helfer bewegt sich dann erst einmal mit dem Hund am Schutzarm weiter auf uns zu.

Sollte der Hund diese Übung problemlos absolvieren, wird die Leine auf die Gesamtlänge ausgelegt und die bereits beschriebene Übung wiederholt. Sind auch hierbei keine Schwächen (z. B. Rücktendenz zum Führer), kann der Helfer die Entfernung von seiner Angriffsposition auf uns erhöhen. Den Hund an der langen Leine, laufen wir sodann auf den Helfer zu. Der Helfer kann in der Anfangsphase seitlich ausweichen, um dem Hund im Laufen den ausgestreckten Arm anzubieten, damit dieser keine unmittelbare Bedrohung wahrnimmt, gut einbeißen kann und das wünschenswerte Selbstvertrauen weiter aufgebaut wird. Sobald der Hund eingebissen hat, halten wir die Leine auf Zug und ziehen uns an der Leine zu unserem Hund. Bei ihm angekommen, wird der Hund natürlich gelobt.

Sind wir mit diesem Ablauf zufrieden, wird der Hund in gleicher Situation frei auf den auf ihn zulaufenden Helfer zugeschickt. Sobald unser Hund eingebissen hat, darf er mit dem Helfer kämpfen, wobei dieser sich wieder auf uns zubewegt. Nach Einstellung der Kampfhandlung erfolgt nun wieder das Auslassen.

Das seitliche Ausweichen bei Angriff des Hundes ist ein wichtiger Faktor und sollte so lange geübt werden, bis man keinerlei Schwächen mehr beim Hund erkennt. Erst wenn diese Vorübungen gut beherrscht werden, erfolgt der direkte Angriff des Helfers auf den Hundeführer, den der Hund ja zu vereiteln hat. Der Abstand vom Hundeführer zum Helfer sollte dabei anfangs auch nicht zu groß gehalten werden. Es reichen 10 bis 20 m. Die Entfernung wird erst nach und nach vergrößert.

Ein wichtiger Faktor ist das Aufnehmen des angreifenden Hundes. Es ist nicht damit getan, stehen zu bleiben und den Hund auflaufen zu lassen oder ihn gar frontal zu überrennen. Ebenfalls ist es nicht gut, einen schnell kommenden Hund in eine Drehbewegung zu ziehen, in der er sich sekundenlang, nur mit seinen Zähnen am Arm hängend, in der Luft befindet.

Bewährt hat sich bei allen unseren Riesenschnauzern die folgende Möglichkeit: Der Helfer muß bekanntlich bei seinem Angriff unter bedrohlicher Bewegung auf den ankommenden Hund loslaufen. Er sollte jedoch, kurz bevor der Hund bei ihm ist, ein bis zwei Schritte rückwärts gehen, um die Wucht bzw. die Geschwindigkeit zu verringern. Er kann so den Hund gefühlvoll an den Schutzarm nehmen. Durch dieses Annehmen schließen wir eine Verletzungsgefahr des Hundes weitgehend aus.

Nach dem Einbeißen erfolgt wiederum die Kampfhandlung mit nachfolgendem Einstellen und Auslassen. Hier hat der Riesenschnauzer nach dem Auslassen oftmals die Eigenart, sich vor Aufregung oder in Erwartung einer neuen Kampfhandlung vom Helfer zu entfernen. Dies kann sogar bei Hunden passieren, die beim Helfer nach dem Auslassen Platz machen, daß heißt sich hinlegen. Man bezeichnet diese Eigenart auch als Pumpen.

Seien Sie immer konsequent und bringen Sie den Hund wieder dicht an den Helfer. Achten Sie auf jeden Fall darauf, daß der Hund eine gewisse Zeit beim Helfer verharren muß, bevor dieser ihm in einer anschließenden Kampfhandlung nochmals den Arm anbietet. Ein Hund, der gewohnt ist, so auf den gewünschten Erfolg zu warten, wird immer dicht und aufmerksam bei Helfer verbleiben.

Seitentransport (Sch-H I)

Nach Beendigung der langen Flucht begibt sich der Hundeführer auf Anweisung des Leistungsrichters zum Hund und somit zum Helfer. Er läßt nun den Hund Platz machen und den Helfer einige Schritte zurücktreten. Nun wird der Helfer nach Waffen durchsucht, und ihm wird der Stock abgenommen.

Achten Sie hier darauf, daß der Hund während der Zeit liegenbleibt, und vermeiden Sie auf jeden Fall, zwischen dem Hund und dem Helfer durchzugehen. Nachdem der Helfer entwaffnet ist, begibt man sich wieder zu seinem Hund und leint diesen an. Nun stellen wir uns rechts neben den Helfer und nehmen diesen mit zum Leistungsrichter.

Wenn wir dort stehenbleiben, sprechen wir den Helfer mit Kommando „Bleiben Sie stehen/Sitz" an. Das „Sitz" gilt dabei dem Hund und sollte auf der Übungsstunde immer mit dazugehören. Sprechen Sie den Helfer nie freundlich, sondern barsch/konsequent an. Ebenfalls auf der Übungsstunde gehen wir dann wieder zu unserem Hund und entfernen uns ein Stück vom Helfer, um dann zurückzukehren. Sind wir wieder beim Helfer angelangt, führt dieser nochmals einen Überfall aus, nach dessen Beendigung der Hund den Schutzarm als Beute erhält.

Revieren (Sch-H II u. III)

Bei beiden Ausbildungsstufen muß unser Hund auf der Suche nach dem Helfer die verschiedenen Verstecke auf dem Übungsplatz absuchen. Er soll hierbei nicht stöbern, sondern zielstrebig auf Weisung des Hundeführers die jeweils gezeigten Verstecke anlaufen. Auf der Prüfung muß der Hundeführer dabei die gedachte Mittellinie des Platzes einhalten, darf also seinen Hund nicht durch Mitgehen in die Verstecke einweisen.

Unsere Methode, dem Hund das Revieren beizubringen, die sich bisher bewährte, gestaltet sich wie folgt und begründet sich wie bereits vorher geschildert auf das Vertrauen zum Hundeführer.

Bei der Schutzhundprüfung I wird der Hund in das Versteck geschickt, in dem sich auch der Helfer befindet. Diese Vorkenntnisse werden nun lediglich mit einem Versteckwechsel erweitert. Zu Beginn des Lernprozesses sieht unser Hund, wo sich der Helfer hinbegibt und wird sodann zum Verbellen in das entsprechende Versteck geschickt. Diese Übung wird so lange und über mehrere Übungsstunden fortgesetzt, bis der Hund in jedem Versteck einmal verbellt hat.

Im weiteren Verlauf begibt sich der Helfer in ein beliebiges Versteck, während der Hund außer Sichtweite ist. Hundeführer und Hund kommen erst dann auf den Platz. Dem Hundeführer ist zu diesem Zeitpunkt der Aufenthaltsort des Helfers bekannt.

Der Hundeführer geht nun mit seinem Hund bis auf Höhe des Versteckes und schickt dann den Hund zum Helfer. Nun ist es wahrscheinlich, daß der Hund nicht dieses bestimmte Versteck anläuft, sondern versucht zu stöbern. Als Hundeführer begeben wir uns ruhigen Schrittes zum Versteck des Helfers und rufen den Hund ebenfalls dorthin. In der geschilderten Art werden wieder alle Verstecke angelaufen. Der Hund findet in jedem Versteck den Helfer und verbindet so – meist in kürzester Zeit –, daß der Hinweis des Führers ihn immer zum Erfolg führt. Er reviert also auf einer Vertrauensbasis.

Diese Vertrauensbasis wird dabei auch nicht durch sogenanntes blindes Schicken getrübt, bis der Hund alle Verstecke auf Anweisung ohne Schwierigkeiten anläuft. Durch diese Übung konnten wir in allen Fällen einen freudigen Revierer ausbilden, der sich auch in allen Verstecken vergewisserte, ob der Helfer an diesem Ort ist.

Nachdem der Hund diese Arbeitsweise beherrscht, muß er natürlich auch einmal blind geschickt werden, und findet den Helfer nur im letzten Versteck. Dabei können wir dann feststellen, welche Verstecke der Hund trotz aller Vorübung nicht einwandfrei anläuft und üben dort in der Folgezeit vermehrt.

Wird auf einem fremden Platz gearbeitet, benutzen wir den gleichen Verlauf.

Auch prüfungsfertige Hunde werden von uns so eingearbeitet. Wichtig scheint hierbei zu sein, bei der Prüfungsvorbereitung nicht unbedingt in das Versteck zu schicken, in dem der Helfer auf der Prüfung ist. Dieses Versteck ist meistens am Beginn des Übungsplatzes zu finden, und dorthin bekommen wir den Hund fast immer. Probleme bereiten oft sogenannte Naturverstecke, also völlig bewachsene Anlaufpunkte, die der Hund nicht als Aufenthaltsorte des Helfers zu lokalisieren scheint. Hier ist vermehrt das Verbellen zu üben, um späterem Punktverlust vorzubeugen.

Stellen und Verbellen (Sch-H II u. III)

Hier pflegen wir bei der entsprechenden Übung für Schutzhund I fortzufahren. Es ergibt sich allerdings ein neuer Gesichtspunkt.

Der Hund muß auf der Prüfung aus dem Versteck und somit vom Helfer zu uns gerufen werden, wenn der Leistungsrichter die entsprechende Anweisung gibt.

Schwierigkeiten treten hier kaum auf. Wir rufen allerdings den Hund nur selten ab, sondern begeben uns auf der Übungsstunde zu ihm hin, um ihn für die saubere Arbeit zu loben. Natürlich liegt hier auch noch ein anderer Grund vor.

Es kann je nach dem Hundetyp vorkommen, daß dieser sich nach kurzem Verbellen wieder zu uns begibt und damit ein schlechtes Bild hinterläßt. Kampftriebpunkte kann dieses Verhalten ebenfalls kosten. Lernt unser Hund, am Versteck zu bleiben, bis wir ihn dort abholen, kann man bei entsprechender Lerndauer dieser Verhaltensweise Einhalt gebieten.

Zusätzlich ist es angebracht, den Hund auf Platz zu bringen, um so, gerade bei führerabhängigen Hunden, eine zweite Sicherung einzubauen.

Stetige Übung bringt am meisten den gewünschten Erfolg, vorausgesetzt, man verliert nicht die Geduld.

Flucht und Abwehr (Sch-H II u. III)

Haben wir unseren Hund nach dem Verbellen vom Helfer zu uns gerufen bzw. abgeholt, soll er sich bei uns setzen. Nun wird der Helfer (in barschem Ton) aus dem Versteck herausbeordert und in einigem Abstand von uns und unserem Hund hingestellt. Er hat die Arme zu heben. An unseren Hund erfolgt nun das Kommando „Platz!". Wir begeben uns zum Helfer, um diesen nach Waffen zu durchsuchen. Dieser kann danach seine Arme herunternehmen. Unser nächster Weg geht nun in das Versteck, um auch dieses zu untersuchen. Während dieser Zeit muß der Hund liegenbleiben und das Verhalten des Helfers aufmerksam beobachten. Natürlich nutzt der Helfer unsere kurzfristige Abwesenheit zur Flucht. In diesem Moment muß der Hund selbständig handeln und den Helfer durch Einbeißen an der Flucht hindern.

Erste Probleme treten bis zu dieser Phase bereits beim Abliegen des Hundes auf. In Erwartung einer Handlung des Helfers neigt dieser vielfach zum Robben, um den Abstand zum Helfer zu verkürzen. Es ist also ratsam, den Hund nicht aus den Augen zu lassen und sofort mit dem entscheidenden Kommando „Platz!" einzugreifen. Ergibt sich kein Erfolg, setzt wieder ein spezieller Lernprozeß ein. Jedesmal, wenn sich der Hund vorwärtsbewegt, begeben wir uns wieder zu ihm und beordern ihn auf seinen alten Platz. Der Helfer ist in diesem Falle angewiesen, keinen Fluchtversuch zu unternehmen. Dieser Übungsprozeß wird so lange durchgehalten, bis der Hund verbindet, daß keine Aktion erfolgt, wenn er seinen Platz voreilig verläßt. Es wird dabei mit dem Hund keinesfalls geschimpft. Absolute Ruhe ist angebracht, natürlich ebenfalls konsequentes Verhalten von Hundeführer und Helfer.

Das zweite Problem stellen wir meist erst auf einer Prüfung fest. Bei der Fluchthandlung des Helfers hat der Hund Schwierigkeiten beim Einbeißen oder bekommt den Arm gar nicht zu fassen. Die Schuld an dieser Misere bekommt jetzt der Helfer. Man sollte sich aber vorher hiermit auseinandersetzen und mit dem Hund alle möglichen Arten der Fluchtbewegung üben.

Das Anbieten des Schutzarmes, um das Einbeißen zu erleichtern, wird von uns nur am Anfang geübt. In der Folgezeit erschweren wir dies wieder, indem wir den Helfer weiter weg vom Hund stationieren oder ungünstigere Angriffspositionen wählen. Hier wird der Hund wieder angeleint (lange Leine), um ihn entsprechend unterstützen zu können.

Beißt der Hund nun gut ein, wird der Arm bei der Flucht in Bewegung gehalten oder im anderen Falle an die Brust angelegt. Der Übungsprozeß ist maßgebend für die spätere Prüfung. Je mehr unser Hund im Schutzdienst kennenlernt, je größer ist die Chance einer guten Bewertung.

Nach Einstellen der Flucht muß der Hund vom Helfer ablassen. Er kann vor diesem stehenbleiben, sich setzen oder legen. Die Eigenart des Hundes ist hier maßgebend. Es kommt hinzu, daß gerade der Riesenschnauzer nach dem Ablassen vom Helfer die Eigenart hat, sich bei langem Stillstand in Erwartung eines neuen Angriffs von diesem zu entfernen. Er robbt meist rückwärts und zeigt eine gespannte Haltung. Hier ist es angebracht, dem Hund nach dem Auslassen Sitz bzw. Platz beizubringen. Gut ist es immer, wenn der Hund auch nach dem Ablassen intensiv verbellt. Er ist hierbei voll auf den Helfer fixiert und bleibt nahe bei ihm. Weiter hat ein Hund, der verbellt, eine Aufgabe und beißt erheblich seltener nach, als ein Hund, der ruhig beim Helfer bleibt.

Bewegt sich der Hund vom Helfer weg, wird konsequent eingewirkt, indem er immer wieder am Helfer abgelegt wird. Als Fortführung dieser Übung erfolgt sodann erst wieder ein Überfall, wenn er liegenbleibt und den Helfer aufmerksam beobachtet. Hat der Hund nun abgelassen, erfolgt nach einem kleinen Moment erneut ein Überfall. Wiederum muß

der Hund tätig werden und den Helfer durch Beißen an weiteren derartigen Aktionen hindern. Nach Einstellung der Kampfhandlung muß er wieder auslassen und warten, bis wir bei ihm sind.

Rückentransport mit Überfall (Sch-H II u. III)

Der Helfer, der nun erkannt hat, daß weitere Gegenwehr sinnlos ist, wird aufgefordert, vor uns herzugehen. Der Hundeführer folgt mit seinem Hund in einigem Abstand (etwa 10 Schritt). Er muß frei bei Fuß gehen und darf den Helfer nicht angreifen.

Nachdem eine – jeweils zu bestimmende – Entfernung zurückgelegt ist, greift der Helfer doch wieder den Hundeführer an. Der Hund hat diesen Angriff wieder zu verhindern, indem er einbeißt. Es erfolgt ein kurzer (beim Riesenschnauzer lieber etwas längerer) Kampf und dann die Einstellung der Handlung. Der Hund muß wiederum auslassen.

Der Hundeführer begibt sich nun zum Helfer und beordert seinen Hund am besten auf „Platz!". Er fordert nun den Helfer auf, einige Schritte zurückzutreten und läßt ihn die Arme heben. Nun wird der Helfer nach Waffen durchsucht und der Stock abgenommen. Es wird der Hund abgeholt und der Helfer mittels Seitentransport zum Leistungsrichter gebracht. Der Helfer bleibt auf Anweisung des Hundeführers stehen, der Hund setzt sich auf entsprechendes Kommando neben den Helfer und soll diesen beobachten, während der Hundeführer dem Leistungsrichter den Stock übergibt und den ersten Teil des Schutzdienstes für beendet erklärt.

Prellt nun der Hund beim Rückentransport vor, ist es wieder dienlich, ihn in die Flanke zu kneifen oder aber den Rückentransport ohne Überfall zu üben. Vorkommen kann es auch beim Seitentransport, daß der Hund versucht, den Helfer beim Gehen zu beißen, vor allem, wenn er den Schutzarm auf die zum Hund gewandte Seite gewechselt hat. Der Hundeführer muß in dieser Phase besonders wachsam sein und den Hund stets im Auge behalten. Da der Hund ja zwischen Helfer und Hundeführer geht, hat der Hundeführer die linke Hand frei, um auf den Hund einzuwirken, falls dieser zu beißen versucht. Oftmals reicht allerdings ein scharfes Kommando.

Abwehr eines Angriffs mit Lauerstellung und anschließendem Bannen des Schutzdiensthelfers (Sch-H I–III)

Bei der Prüfungsstufe II und III wird der Hund auf dem Weg vom Versteck zur Platzmitte nicht mehr angeleint, d. h., er muß den Weg in der Freifolge zurücklegen. Erst wenn die vorgeschriebene Position eingenommen wurde, kann der Hundeführer seinen Hund wieder am Halsband festhalten.

Die weitere Übung gestaltet sich wie bei der Prüfungsstufe I.

Nach dem Einstellen der Kampfhandlung muß der Hund wieder auslassen, eine Übung, die er nun bereits beherrscht. Der Helfer führt noch einen Angriff durch, der durch Einbeißen verhindert wird. In dieser Phase erhält der Hund mit dem Stock zwei Schläge.

Nach erneuter Einstellung der Handlung muß er wieder auslassen und den Helfer beobachten. Erst jetzt kann der Hundeführer auf der Prüfung wieder zu seinem Hund gehen, den Helfer entwaffnen und mit dem bereits bekannten Seitentransport nach dem Entwaffnen zum Leistungsrichter bringen.

Abschließender Hinweis

Neben der allgemeinen Erziehung und Ausbildung zum Schutzhund (Sporthund) bietet der Pinscher- und Schnauzer-Klub weitere vielfältige Möglichkeiten in bezug auf die Schulung Ihres Hundes:
- Begleithundausbildung
- Wachhundausbildung
- Rettungshundtauglichkeitsüberprüfung
- Fährtenhundausbildung

Pflege

Wie jeder Hund, bedarf auch der Riesenschnauzer einer gewissen Haar- und Körperpflege.

Bereits beim Züchter sollte er an das regelmäßige Bürsten gewöhnt sein. Zu diesem Zweck wird der Welpe auf einen Tisch gesetzt und in aller Ruhe und Vorsicht mit der Bürste vertraut gemacht. Anfangs wird ihm dies natürlich unangenehm sein, jedoch gewöhnt sich der Hund relativ

schnell daran, wenn man beharrlich bei der Sache bleibt. Auf den Tisch setzen wir den Hund, damit wir einen besseren Überblick haben und zudem den Kleinen bereits von vornherein an die Arbeit auf dem späteren Trimmtisch gewöhnen. Ein weiterer Vorteil: Der Hund kann nicht so schnell weglaufen! Neben der normalen Bürstenpflege muß unser Riesenschnauzer je nach Haarkleid und

Bürsten auf dem Trimmtisch

Struktur des Haares drei- bis viermal im Jahr geschoren werden. Das Geräusch der Schermaschine ist anfangs natürlich genauso unangenehm wie der Einsatz der Bürste, wird aber auch von dem Hund sehr schnell akzeptiert, wenn man vorsichtig und konsequent vorgeht.

Man sollte sich bereits von vornherein beim Züchter erkundigen, ob der Hund an die Schermaschine gewöhnt ist. Bei uns wird bereits im Alter ab der vierten Lebenswoche der Kopf des Welpen mit der Schermaschine zurecht gemacht, so daß der spätere Besitzer hier kaum mit irgendwelchen Schwierigkeiten zu rechnen hat.

Die erste Schur sollte keinesfalls vor oder während der Zahnung erfolgen. Die sodann folgenden einzelnen Abstände zwischen den Schuren gestalten sich individuell und können bei einem Hund mit weicherem und infolgedessen längerem Haar in kür-

zeren Abständen anstehen als bei einem Schnauzer mit kurzem, harten Haar.

Das sogenannte Trimmen, also Zupfen mit dem Messer, lehnen wir ab.

Um den Hund fachgerecht herrichten zu können, sollte man sich, wenn möglich, an seinen Züchter wenden oder jemanden zu Rate ziehen, der einige Übung darin hat.

Nach jeder Mahlzeit sollten wir unserem Riesenschnauzer Bart und Mütze kämmen und bürsten, da sich hier Futterreste ansammeln, die zum Verfilzen des Haares führen und nicht nur optisch einen schlechten Eindruck hinterlassen, sondern dem Hund letztlich auch Schmerzen bereiten, wenn man verfilzte Barthaare auskämmen muß.

Wir baden unseren Riesenschnauzer so selten wie möglich, sollten ihn aber schon frühzeitig an das Abduschen gewöhnen.

Kostenloser Welpen-Service von Pedigree® Pal®

Haben Sie einen Welpen?

Als frischgebackener Hundebesitzer hat man viele Fragen: Wie wird mein Hund stubenrein? Wie lernt er, an der Leine zu gehen? Wie erziehe ich ihn? Was sollte er fressen? Und vieles mehr. Pedigree® Pal® bietet jedem Welpenbesitzer einen kostenlosen Informations-Service, der Sie während des ersten Lebensjahres Ihres Hundes begleitet. So erhalten Sie bis zu fünfmal immer genau die Informationen über Verhalten, Erziehung und Ernährung, die Sie entsprechend dem Lebensalter Ihres Hundes gerade brauchen. Dazu gibt es viele Tips und Wissenswertes aus der Welt junger Hunde – und machmal eine kleine Überraschung! Wenn Sie an diesem Service Interesse haben, schreiben Sie einfach an Pedigree® Pal®, wann genau Ihr Hund geboren ist. Die Anschrift lautet:

Pedigree® Pal®,
Postfach 1260,
22859 Hamburg.
Oder rufen Sie an:
01805/33 45 45 (Mo–Fr, 9–18 Uhr, 0,48 DM/Minute)

Ernährung

Der Hund braucht mehr als Fleisch

Leben ist Bewegung. Leben ist Wachstum. Leben ist Stoffwechsel. Damit Lebensvorgänge ablaufen können, muß sich das Lebewesen ernähren. Der Zweck der Ernährung ist es, dem Körper Nährstoffe zuzuführen. Diese dienen der Bewegung, indem sie Energie liefern, dienen dem Wachstum, indem sie die Baustoffe darstellen, dienen dem Stoffwechsel, indem sie verbrauchte Substanzen ersetzen. Nährstoffe befinden sich in der Nahrung. Tiere sind von organischen Stoffen abhängig. Diese gehen sämtlich auf Stoffwechselprodukte der Pflanzen zurück.

Der Hund als Nachfahre des Wolfes steht am Ende der Nahrungskette. Er verwertet nicht die Pflanze selbst, sondern pflanzenfressende Tiere. Die wildlebenden Ahnen unseres Hundes verzehrten ihre Beute meist vollständig. Von daher geht der Begriff „Fleischfresser" am Kern vorbei. Denn nicht nur Muskelfleisch, sondern ebenso die Knochen, Sehnen, das Fell und natürlich die Innereien samt dem pflanzlichen Inhalt wurden verschlungen. Treffender ist also die Bezeichnung „Beutetierfresser".

– Der Hund steht am Ende der Nahrungskette.
– Der Hund benötigt neben Fleisch auch Fett, Mineralstoffe, Vitamine und pflanzliche Materialien.
– Der Hund ist ein Beutetierfresser.

Das Verdauungssystem spaltet die Nahrung auf

Dem Wolf wie auch seinem Nachfahren Hund sind eine Reihe spezialisierter Organe eigen, mit denen er seine Nahrung beschaffen, zerkleinern und verwerten kann. Die Zähne dienen dem Ergreifen und Zerteilen der Beute. Mit Hilfe des Speichels gleitfähiger gemacht, gelangt die Nahrung durch die sehr dehnbare Speiseröhre in den Magen. Hier erfolgt eine erste Aufspaltung der einzelnen Bestandteile. Dieser Vorgang wird im Dünndarm fortgesetzt. Unverzichtbare Hilfe leisten dabei Verdauungsenzyme, die in der Bauchspeicheldrüse gebildet werden. Ihre Aufgabe ist die biochemische Zerkleinerung der Nährstoffe bis auf die Grundbausteine. Nur so zerlegt ist die Nahrung letztendlich verwertbar. Die Nährstoffe werden dann von der Darmschleimhaut aufgenommen und mit

Ein stattlicher Rüde

Hilfe des Blutkreislaufs in jede noch so entlegene Zelle des Körpers transportiert. Dort erst erfüllen sie ihre eigentliche Funktion. Im Muskel beispielsweise wird die biochemische Energie bestimmter Nährstoffe in Bewegungsenergie umgewandelt, im Knochen dienen andere Nährstoffe als Bausteine den Wachstumsvorgängen. Unverwertbare Bestandteile der Nahrung gelangen in den Dickdarm und werden wieder ausgeschieden.

– Die Nahrung muß aufgespalten werden, um verwertbar zu sein.
– Die Aufspaltung erfolgt hauptsächlich im Darm.
– Die Nährstoffe werden mit dem Blutkreislauf aus dem Darm in alle Körperzellen transportiert.

Hohe Energieausbeute nur bei hochverdaulicher Nahrung

Ob unser Riesenschnauzer läuft, springt, mit dem Schwanz wedelt oder vielleicht nur daliegt und Herrchen oder Frauchen beim Lesen zuschaut – jeder dieser Vorgänge braucht Energie, sie ist die treibende Kraft aller Lebensvorgänge. Unser Hund bezieht sie aus seinem Futter. In biochemischer Form gespeichert, gelangt Energie in den Körper und wird dort in die unterschiedlichsten Lebensäußerungen umgewandelt. Bei diesen Umwandlungsprozessen gibt

es Verluste. Über Kot und Harn werden Stoffe ausgeschieden, die noch Energie speichern. Auch Wärmeverluste schmälern die Energieausbeute für den Organismus. Dennoch hat das Energieumwandlungssystem „Hund" einen höheren Wirkungsgrad als jedes vom Menschen ersonnene. Eines liegt jedoch auf der Hand: Je höher die Verdaulichkeit der Nahrung ist, desto geringer sind die Energieverluste für den Hund.

– Ohne Energie gibt es kein Leben.
– Die Energie ist in der Nahrung.
– Je höher die Nahrung verdaulich ist, desto besser wird sie verwertet.

Eiweiße sind Baustoff, Energieträger und Wirkstoff zugleich

Jeder Hund benötigt über fünfzig verschiedene Nährstoffe, und zwar Tag für Tag, ein Leben lang. Man kann diese der besseren Übersichtlichkeit halber in Hauptnährstoffgruppen zusammenfassen. Eine wesentliche dieser Gruppen wird von den Eiweißen oder Proteinen gebildet. Sie stellen wichtige Körperbausteine dar. Nur eine einzige Körpersubstanz überhaupt enthält keine Eiweiße als Baustein, und das ist der Zahnschmelz. Alle anderen Gewebe, ob nun Muskel, Nerven, Haut oder innere Organe, bestehen in irgendeiner Form aus Eiweißen. Sogar der Knochen enthält nicht nur Mineralstoffe, sondern eben auch Gerüstproteine. Darüber hinaus werden wichtige Wirkstoffe wie Enzyme und Hormone durch Eiweiße aufgebaut. Außerdem sind Eiweiße eine Energiequelle für Hunde. Die Energieausbeute beim Abbau der Eiweiße ist jedoch nicht besonders hoch. In dieser Hinsicht ist die Nutzung von Fetten effizienter. Fette sind die für den Hund günstigste Energiequelle. Die Ausbeute bei ihrem biochemischen Abbau ist um etwa ein Drittel höher als bei Eiweißen. Fette sind jedoch nicht nur Energielieferanten. Sie stellen auch wichtige Bausteine für Zellmembranen dar und sind unverzichtbarer Bestandteil von bestimmten Hormonen und Vitaminen. Kohlenhydrate kommen in der Natur in großen Mengen in Pflanzen vor. Das Verdauungssystem des Hundes kann diese nur in erhitzter Form spalten. Dann stellen einige Kohlenhydrate jedoch gute Energielieferanten dar.

Weiterhin dienen Kohlenhydrate als Ballaststoffe. In dieser Funktion regen sie die Darmbewegung an und sind so für die Passage der Nahrung durch den Darm unerläßlich. Ebenso wichtige, jedoch grundsätzlich andere Aufgaben erfüllen die Mineralstoffe. Die bekanntesten unter ihnen, Kalzium und Phosphor, bilden die Hauptbestandteile der Knochen. Sie

Unbändiger Bewegungsdrang

fungieren also als Baustoff. Andere Mineralstoffe werden im Stoffwechsel von Substanzen benötigt, welche Steuer- und Regelungsmechanismen bedienen.

So gibt es eine Reihe von Enzymen und Hormonen, die ohne die Anwesenheit bestimmter Mineralstoffe wirkungslos blieben. Weiterhin laufen so wichtige Vorgänge wie Blutgerinnung, Muskelkontraktionen oder die Erregungsleitung in Nerven nur ab, wenn die dazugehörigen Mineralstoffe dem Körper über die Nahrung zugeführt werden. Die Gruppe der Mineralstoffe kann man noch einmal unterteilen in Mengenelemente (von diesen wird ein bedeutendes Quantum täglich benötigt) und Spurenelemente (hiervon reichen oft schon ganz geringe Mengen im Mikrogrammbereich aus).

Schließlich müssen noch die Vitamine in der Nahrung sein, von denen es fettlösliche und wasserlösliche gibt. Vitamine haben lebenswichtige Steuerfunktionen, dienen dem Sehvermögen, der Krankheitsabwehr oder dem Energiestoffwechsel.

– Eiweiße sind Baustoff, Energieträger und Wirkstoff zugleich.
– Fette sind die günstigste Energiequelle.
– Mineralstoffe bauen das Skelett auf und steuern lebenswichtige Vorgänge im Stoffwechsel
– Vitamine regeln unverzichtbare Lebensprozesse.

Wachsende Hunde benötigen spezielle Nahrung

Die moderne Tiermedizin hat die Besonderheiten des Hundestoffwechsels genau untersucht. So besteht heute die Möglichkeit, nicht allein den Energiebedarf eines heranwachsenden Hundes genau anzugeben, sondern auch seinen Bedarf an Kohlenhydraten, Eiweißen und Fetten sowie Mineralstoffen und Vitaminen. Dies ist entscheidend, wenn man das Ziel hat, durch eine artgerechte Bilanzierung von Nahrungsbestandteilen eine gesunde Hundeentwicklung zu fördern.

Ein gutes Beispiel dafür ist der Bewegungsapparat. Mit Hilfe von Messungen der Wachstumsgeschwindigkeit der Knochen, Röntgenaufnahmen des Bewegungsapparates, Bestimmungen der Knochendichte, Vergleich von vielen hundert gesund aufgewachsenen Hunden und weiterer Untersuchungsverfahren ist der Bedarf an Kalzium und Phosphor genau festgestellt worden.

Aufgrund dieser Zahlen sind wissenschaftlich exakte Empfehlungen für die Versorgung mit diesen Mengenelementen möglich – und zwar jeden Monat im Leben eines wachsenden Hundes.

Wegen des hohen Bedarfs der Welpen an knochenaufbauenden Mineralstoffen liegt der Kalzium- und Phosphorbedarf in den ersten beiden

Lebensmonaten rund viermal höher als beim erwachsenen Hund. Mit zunehmender Mineralisierung der Knochen nimmt er im Laufe des Wachstums stetig ab.

Um ein gleichmäßiges Knochenwachstum und eine gesunde Skelettentwicklung zu erreichen, kann die Versorgung mit Kalzium und Phosphor eigentlich nur durch eine ausgewogene, altersangepaßte Vollnahrung problemlos gewährleistet werden.

Eine Selbstherstellung von Hundenahrung ist wegen der möglichen Unter- oder Überversorgung mit lebenswichtigen Nährstoffen insbesondere bei Welpen sehr kritisch. So ist in „Eigenmischungen" das Kalzium/Phosphor-Verhältnis meist nicht korrekt ausbilanziert.

Die Wachstumsrate junger Hunde und die Unterschiede zwischen einzelnen Hunden werden übrigens nicht allein durch Erbanlagen be-

Ein schönes Paar

stimmt. Auch äußere Faktoren wie Ernährung, Klima oder Krankheiten sind wichtig.

Eine optimale Gestaltung der äußeren Einflußfaktoren kann das Wachstum im positiven Sinne beeinflussen – also eine artgerechte, angemessene Ernährung, gute Haltungsbedingungen und eine vernünftige Krankheitsverhütung, zum Beispiel durch Impfungen.

Da es bei jedem Hund Unterschiede der äußeren Bedingungen gibt, variiert die Gewichtsentwicklung von Individuum zu Individuum ein wenig. Das bedeutet, daß es immer Abweichungen des altersentsprechenden Körpergewichtes von den wissenschaftlich ermittelten Durchschnittswerten gibt. Diese Unterschiede sind aber nicht nur von wissenschaftlichem Wert. In der Praxis ergeben sich aus den natürlichen Differenzen bei der Wachstumsgeschwindigkeit Unterschiede beim Bedarf der wachsenden Hunde an Energie, Eiweißen und insbesondere auch Mineralstoffen. Dies muß bei der Ernährung von Welpen und Junghunden bedacht und einkalkuliert werden.

Das Verdauungssystem und der Stoffwechsel von Welpen weisen eine Reihe von Besonderheiten auf. Der Magen ist noch relativ klein, so daß nur eine begrenzte Menge Nahrung aufgenommen werden kann. Diese eingeschränkte Speicherfunktion des Magens macht eine häufige Nahrungsaufnahme notwendig.

Einige Körpergewebe beziehungsweise Organsysteme sind während der ersten Lebensmonate ganz besonders auf eine richtig zusammengesetzte Nahrung angewiesen, um sich so entwickeln zu können, wie es die Natur vorgesehen hat. Hierzu gehören Bewegungsapparat, Abwehrsystem, Fortpflanzungssystem, Haut und Fell sowie Lunge und Atemwege. Anders als das Herz-Kreislauf-System des jungen Hundes, das sich schon im Mutterleib fast vollständig entwickelt hat, reift beispielsweise der Bewegungsapparat erst später aus.

So sind nach der Geburt zwar sämtliche Knochen beim Welpen angelegt und vorhanden, bestehen aber überwiegend noch aus Knorpel, also einem Gewebetyp, der zwar sehr elastisch ist, jedoch nur eine geringe Festigkeit hat. Dieses bindegewebige Gerüst wandelt der Organismus nach und nach zum tragfähigen Knochen um, indem er Mineralstoffe – vor allem Kalzium und Phosphor – einlagert. So entwickelt der Junghund im Laufe vieler Monate die biologisch notwendige Festigkeit seiner Knochen.

Solange bleibt den noch nicht voll mineralisierten Knochen die Möglichkeit, weiterzu wachsen. Erst gegen Ende der Wachstumsperiode des Hundes verschließen sich die Wachs-

Gegensätze ziehen sich an

tumsfugen der Knochen, die bis dahin ein Längenwachstum ermöglicht haben.

Im gesamten Zeitraum der Knochenbildung muß also die Zusammensetzung der Nahrung optimal auf die Bedürfnisse des Knochenwachstums eingestellt sein.

Junge Hunde haben keinen Schutzmechanismus vor überhöhter Kalziumzufuhr mit der Nahrung wie erwachsene Tiere.

Unter dem Einfluß von Hormonen wird ein eventueller Kalziumüberschuß überwiegend in den Knochen eingelagert, was im Endeffekt zu einer gesteigerten und gleichzeitig gestörten Verknöcherung führt. Die daraus resultierenden Skelettdeformierungen und Bewegungseinschränkungen sind im späteren Lebensalter nicht wiedergutzumachen.

Die Empfehlung, Junghunden eine Kalziumergänzung – selbst bei Verwendung einer vollständigen und richtig bilanzierten Vollnahrung – zukommen zu lassen, ist wissenschaftlich nicht haltbar. Wegen der möglichen Gefahren ist die Gabe von kalziumreichen Nahrungsadditiven deswegen zu vermeiden.

– Wachsende Hunde haben einen höheren Energiebedarf.
– Das heranwachsende Skelett braucht mehr als doppelt so viele Mineralstoffe.
– Spezielle Welpennahrung deckt alle Bedürfnisse ab.

Fertignahrung ist hochwertig, sicher und bequem

Wie wir gesehen haben, benötigen Hunde sehr viele verschiedene Nährstoffe. Diese müssen nicht nur in der optimalen Menge, sondern auch im richtigen Verhältnis zueinander in der Nahrung sein.

Hinzu kommen besondere Lebenssituationen wie Wachstum, Phasen hoher körperlicher Belastung, Trächtigkeit oder Alter. Jede dieser Situationen bringt veränderte Nährstoffansprüche mit sich. Verdaulichkeit und Schmackhaftigkeit des Futters sollen auch gewährleistet sein, damit der Hund den Napf leert.

Wollten wir unserem Hund selbst die tägliche Nahrung bereiten, hätten wir das alles zu beachten. Wir müßten den Gehalt der Ausgangsmaterialien an Eiweißen, Fetten, Mineralstoffen und Vitaminen genau kennen. Wer jedoch mißt die Menge essentieller Aminosäuren oder den Vitamingehalt eines Stückes Fleisch?

Wieviel Kalzium ist denn nun in der Messerspitze Futterkalk enthalten? Und was ist mit der Zeit, die wir für die tägliche Futterration unseres vierbeinigen Freundes benötigen würden?

Am sichersten ist die Verwendung qualitativ hochwertiger Fertignahrung, wie sie von verantwortungsbewußten, erfolgreichen Züchtern empfohlen wird. Alle Nährstoffe sind in richtiger Menge und optimalem Verhältnis enthalten. Man kann genau portionieren, die Fütterung ist sauber, schnell und bequem.

Das deutsche Futtermittelrecht regelt die Zusammensetzung streng und genau. Es dürfen nur einwandfreie Rohmaterialien von gesunden Tieren und Pflanzen verwendet werden. Fertignahrung ist also der beste und sicherste Weg, unseren Hund richtig und gesund zu ernähren. Und schmecken wird es ihm ganz gewiß.

– Futterselbstzubereitung ist kompliziert, zeitraubend und erfordert Spezialkenntnisse.

– Fertignahrung ist sicher, hat hohe Qualität und erfüllt alle Nährstoffansprüche des Hundes.

Wichtige Tips zur Fütterung Ihres Hundes

1. Bei der Verwendung von Fertignahrungsmitteln, die als „Alleinfutter" deklariert sind, erhält Ihr Hund alle lebensnotwendigen Nährstoffe in ausgewogener Zusammensetzung für ein langes, gesundes Hundeleben.

2. Ein Welpe braucht zu Beginn eines Lebens etwa doppelt so viele Nährstoffe und Energie wie ein

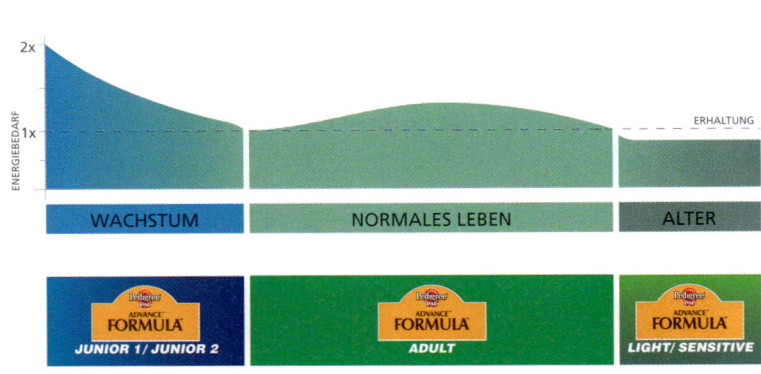

ALTERNATIVE MÖGLICHKEITEN
EINER AUSGEWOGENEN ERNÄHRUNG

2x

1x

ENERGIEBEDARF

ERHALTUNG

WACHSTUM

NORMALES LEBEN

ALTER

FORMULA
JUNIOR 1/ JUNIOR 2

FORMULA
ADULT

FORMULA
LIGHT/ SENSITIVE

© EFFEM GmbH

WALTHAM ERNÄHRUNGSBERATUNG

ausgewachsener Hund, deshalb füttern Sie in der Wachstumsphase ein Fertigfutter, welches für wachsende Hunde bestimmt ist.

3. Verwenden Sie als Milchersatz für Saugwelpen nur spezielle Welpenmilchprodukte, Kuhmilch ist auf keinen Fall zu empfehlen, da sie nicht eiweiß- und fettreich genug ist und zu Durchfällen führen kann.

4. Achten Sie darauf, Futterumstellungen langsam und schrittweise über fünf Tage durchzuführen, so daß sich der Verdauungstrakt des Hundes an die neue Nahrung gewöhnen kann.

5. Füttern Sie stets zur gleichen Zeit und möglichst am gleichen Ort weder zu heiß noch zu kalt (nicht direkt aus dem Kühlschrank).

6. Bieten Sie ihrem Hund nur die Futtermenge an, die er auch auffrißt, keine Futterreste stehen lassen.

7. Frisches Wasser zum Trinken sollte Ihr Hund stets zur Verfügung haben.

8. Füttern Sie Fleisch bitte nur im abgekochten Zustand, bei der Fütterung von rohem Fleisch besteht Infektionsgefahr.

9. Bei der Verwendung eines hochwertigen Fertigfutters brauchen Sie keinerlei Zusatzstoffe oder Ergänzungsfuttermittel zusätzlich zu füttern.

10. Bei älteren Hunden ist die Futtermenge in 2–3 Mahlzeiten aufzuteilen. Die verwendeten Eiweiße müssen hochwertig und hochverdaulich sein.

Gesundheit

Vorbeugen ist besser als Heilen

Artgerechte Haltung, Pflege und Ernährung sind Voraussetzungen für die Gesundheit. Das seelische Wohlbefinden des Hundes ist so wichtig wie das körperliche. Der gesunde Hund nimmt aufmerksam und lebhaft Anteil an seiner Umgebung. Er ist kräftig und ausdauernd. In der Ruhe atmet er 10- bis 20mal, das Herz schlägt 70- bis 100mal in der Minute. Die Körpertemperatur liegt um 38,5 °C. Gesundheit ist nicht nur „Freisein von Krankheiten", sie schließt auch Widerstandskraft gegen Infektionen ein.

Das Haarkleid schützt nicht nur gegen Wind und Wetter, es ist auch Zeichen von Gesundheit. Stumpfes Haar, ständiger Haarausfall und starker Geruch deuten auf innere Erkrankungen hin. Die Haut soll frei von Schuppen und Rötungen sein, kein Juckreiz soll den Hund plagen.

Flöhe, Läuse und Haarlinge kann auch der gepflegteste Hund von einer Hundebegegnung mitbringen. Bei Juckreiz wird als erstes die Haut auf Flohstiche – bis zu linsengroße, geschwollene Rötungen – und das Fell auf Parasitenkot – kleine schwarze Pünktchen – abgesucht. Lieblingssitze der ungebetenen Gäste sind die Innenflächen der Hinterbeine, die „Achselhöhlen" und die Ohrmuscheln. Bei leichtem Befall genügt ein Flohpuder oder -spray. Wirksamer sind Waschlösungen, die das Fell bis auf die Haut benetzen, oder verschreibungspflichtige Mittel, die auf die Haut getropft werden und bis zu vier Wochen wirken. Das Ablecken solcher Mittel muß aber unbedingt verhindert werden. „Anti-Floh-Halsbänder" geben bis zu vier Monaten gas- oder puderförmige Wirkstoffe ab. In Hundehütten können bei einigen Halsbändern Giftgaskonzentrationen auftreten, die auch für den Hund bedenklich sind. Manche Halsbänder verlieren zudem durch Nässe an Wirksamkeit. Bei Flohbefall muß immer das Lager des Hundes mitbehandelt werden. Moderne Spezialmittel töten dabei nicht nur „erwachsene" Flöhe, sondern stoppen auch die weitere Entwicklung der Flohlarven. Hundedecken werden am besten ausgekocht, Teppiche regelmäßig gesaugt und Stroh in der Hütte gewechselt.

Zecken lassen sich aus dem Gebüsch auf den Hund fallen, beißen sich in der Haut fest und saugen sich mit Blut voll. Je länger sie saugen, desto größer ist in bestimmten verseuchten Gegenden die Gefahr, daß eine für Hunde gefährliche Infektionskrankheit, die Borreliose, übertragen wird. Deshalb sollten Zecken so rasch wie möglich entfernt werden. Sie dürfen aber nicht einfach ausgerissen werden, weil dabei die Beißwerkzeuge in der Haut steckenbleiben und Entzündungen verursachen können. Am besten erfaßt man die Zecke mit einer Spezialpinzette und hebelt sie drehend aus der Haut heraus. Auf keinen Fall darf eine Zecke mit Alkohol betäubt oder mit Öl erstickt werden. Im Todeskampf gibt sie ihren Speichel in die Blutbahn des Hundes ab und damit eventuell Erreger einer Infektion. Inzwischen gibt es, allerdings nur beim Tierarzt, ein Anti-Zecken- und -Flohhalsband, das den Befall mit Zecken weitgehend und das Blutsaugen sicher verhindert.

Die Ohren sollten alle vier Wochen gereinigt werden. Mit Wattestäbchen kann man das Trommelfell zwar kaum verletzen, das Ohrenschmalz aber in der Tiefe zusammenstopfen. Besser ist ein alkoholischer Ohrreiniger, der randvoll ins Ohr eingegossen und bei zugedrückter Ohrmuschel durchmassiert wird. Das gelöste Ohrenschmalz kann der Hund dann selbst ausschütteln, vorzugsweise im Freien.

Dunkle, übelriechende Beläge im Ohr zeigen eine Entzündung an. Meist wird sich der Hund dann auch am Ohr oder – scheinbar – am Halsband kratzen und den Kopf schütteln. Ursache des „Ohrenzwanges" können Ohrenmilben, Grasgrannen oder andere Fremdkörper sowie Bakterien und Pilze sein. Wenn zwei- bis dreimalige gründliche Reinigung mit dem Ohrreiniger keine Besserung bringt, ist eine gezielte Behandlung erforderlich.

Die Augen werden mit einem Stückchen Mullbinde oder einem Taschentuch vom „Schlaf" gereinigt. Fusseln von Watte oder Papiertaschentüchern reizen die Schleimhäute. Bindehautentzündungen können auch durch Zugluft, Staub oder starke Sonne verursacht werden. Zur Linderung werden Augentropfen in den heruntergezogenen Bindehautsack geträufelt. Borwasser wird heute nicht mehr verwendet, weil feine Kristalle als Fremdkörper wirken können. Länger andauernder wäßriger, schleimiger oder eitriger Augenausfluß sollte nicht mit Hausmitteln kuriert werden. Es könnte eine Infektion vorliegen. Wucherungen auf der Rückseite der Nickhaut müssen meist operativ behandelt werden.

Die Zähne werden durch Hundekuchen oder Knochen ausreichend gereinigt. Auch die Tortur des Zähneputzens kann Zahnstein kaum verhindern. Zur Entfernung weicher Beläge eignet sich am ehesten ein Wattebausch, getränkt mit dreiprozentiger Wasserstoffsuperoxydlösung.

Zahnstein ist ein fest anhaftender brauner Belag aus verhärteten Salzen. Fauliger Mundgeruch durch Zahnfleischentzündungen und -vereiterungen sowie Zahnausfall sind die Folgen. Zahnstein sollte frühzeitig fachkundig entfernt werden.

Lose Zähne müssen gezogen werden. Da der Hund keine Beute jagen, festhalten oder zerreißen muß, kann er auf schmerzende Zähne gut verzichten. Nach Entfernung der Eiterherde wird er sich auch allgemein wohler fühlen, denn sie können den Körper vergiften und zum Beispiel chronische Herzklappenentzündungen auslösen.

Die Analbeutel sollen eigentlich bei jedem Kotabsatz eine individuelle Duftmarke zur Revierkennzeichnung hinterlassen. Infolge der Domestikation funktioniert die Entleerung häufig nicht richtig. Sekretstauungen sind die Folge; den Juckreiz versucht der Hund vergeblich durch Rutschen auf dem After zu beseitigen. Dieses „Schlittenfahren" ist entgegen landläufiger Vermutung fast nie auf Wurmbefall zurückzuführen. Stark gefüllte Analbeutel müssen fachkundig ausgedrückt, vereiterte müssen tierärztlich behandelt werden.

Die Krallen werden nur bei regelmäßigem Auslauf auf hartem Untergrund ausreichend abgelaufen. Nur bei krankhaftem Hornwachstum oder Stellungsfehlern müssen sie geschnitten werden. Dabei soll die in der Kralle verlaufende Ader nicht verletzt werden. „Wolfskrallen", Überbleibsel der an sich verkümmerten fünften Zehe an Vorder- und Hinterläufen, können bei Verletzungen stark bluten. Sie sollten vorsorglich amputiert werden. Das geschieht üblicherweise schon bei neugeborenen Welpen.

Erste Hilfe tut not

Hautverletzungen müssen genau inspiziert werden. Oberflächliche Abschürfungen und Schrunden können mit Hausmitteln behandelt werden. Auf jeden Fall werden im Bereich der Verletzungen die Haare mit einer gebogenen Schere kurz abgeschnitten. Sie verkleben sonst mit dem Wundsekret; Vereiterung ist die Folge. Die Wunde wird mit Wundgel, -spray oder -tinktur behandelt. Fetthaltige Salben behindern den heilungsfördernden Luftzutritt, Puder verkrustet.

Bei tieferen Wunden mit Durchtrennung der Haut sollte umgehend ein Tierarzt hinzugezogen werden. Bei Beißereien und Stacheldrahtverletzungen wird die Haut oft vom Körper losgerissen, so daß tiefe Taschen zu versorgen sind. Von Fall zu Fall ist zu prüfen, ob eine „offene Wundbehandlung" oder eine Naht besser ist. Nur frische Wunden können mit Aussicht auf komplikationslose Heilung genäht werden.

Warten auf den Chef!

Eine offene, aus der Tiefe nässende oder eiternde Wunde darf der Hund belecken. In allen anderen Fällen wird die Wundheilung behindert, weil die zarten Heilungszellen am Wundrand gestört werden. Das Belecken von Wunden und das Abreißen von Verbänden können durch einen Halskragen verhindert werden, den es fix und fertig vom Tierarzt gibt.

Wundstarrkrampf ist beim Hund selten. Impfungen sind daher nicht üblich. Zur Vorbeugung sollen Wunden ausbluten und nicht luftdicht abgedeckt werden. Wenn größere Adern verletzt sind, kommt es zu andauernden, starken Blutungen. Häufig tritt Blut im Strahl aus. Dann muß zur Ersten Hilfe ein Druckverband angelegt werden. An ungünstigen Körperstellen wie am Kopf kann auch von Hand eine Kompresse aufgedrückt werden. Gliedmaßen können abgebunden werden, die Abbindung muß aber viertelstündlich kurz gelöst werden. In solchen Fällen ist stets umgehend tierärztliche Hilfe erforderlich.

Unfälle können auch zu inneren Verletzungen und Gehirnerschütterungen führen. Bei Bewußtseinstrübungen soll nie Flüssigkeit eingeflößt werden. Die Maulschleimhaut kann aber mit Kaffee, Tee oder auch einfach mit Wasser befeuchtet werden. Der Hund wird vorsichtig getragen oder seitlich mit tiefliegendem Kopf und herausgezogener Zunge auf einer Decke gelagert, die, von zwei Personen an den Ecken strammgezogen, auch als „Tragbahre" dient. Am Unfallort sind meistens die Diagnose und vor allem eine wirksame Schockbehandlung erschwert. Telefonisch sollte zur Vermeidung unnötiger Wege und Zeiten ein dienstbereiter Tierarzt verständigt und umgehend aufgesucht werden.

Lahmheiten können viele Ursachen haben. Als erstes wird die Pfote untersucht. Dornen oder Splitter werden ausgezogen. Verfilzte Haare drücken zwischen den Ballen wie ein Stein im Schuh; sie werden daher vorsichtig ausgeschnitten. Wunde Stellen werden wie Hautverletzungen behandelt. Im Winter müssen Streusalzreste von den Pfoten abgewaschen werden. Bei Krallenbettentzündungen können warme Kamillen- oder Seifenbäder Linderung bringen. Lose Krallenteile werden an der Bruchstelle beherzt abgeschnitten. In vielen Fällen ist ein Verband erforderlich. Er muß fachkundig angelegt werden, um Druckstellen zu vermeiden. Bei Schwellungen, Prellungen und Verstauchungen kann das Fell des betroffenen Körperteils mehrmals täglich mit kaltem Wasser durchnäßt werden. Das wirkt wie ein Kühlverband, lindert den Schmerz und hemmt – frühzeitig angewendet – weitere Schwellungen. Wenn ein Bein überhaupt nicht belastet wird, besteht Verdacht auf Knochenbruch.

Bei stark abnormer Beweglichkeit können die Gliedmaße durch eine Notschiene ruhiggestellt werden. Andauernde, wiederkehrende oder sich verschlimmernde Bewegungsstörungen sind stets ein Fall für den Tierarzt. Das Humpeln auf einem Hinterbein wird nicht selten durch eine Ausrenkung der Kniescheibe oder durch Riß von Bändern bedingt, die operativ fixiert werden müssen.

Vergiftungen sind meist „Unglücksfälle" und nur selten böse Absicht. Rattengift kann bei unsachgemäßem Auslegen direkt, aber auch mit vergifteten Nagetieren aufgenommen werden. Meist handelt es sich um Cumarinpräparate, die zu inneren Blutungen führen. Vorsicht ist auch bei Schädlings- und Unkrautbekämpfungs- sowie bei Frostschutzmitteln geboten. Hochgiftige Thallium-, Zinkphosphid- und Arsenzubereitungen, Blausäure und Strychnin sind heute gottlob kaum noch erhältlich. Die besten Überlebenschancen bestehen, wenn man „nach frischer Tat" das Gift wieder aus dem Magen herausbefördern kann. Der Tierarzt kann Erbrechen durch eine Spritze auslösen, der Laie durch Eingeben von zwei bis drei Teelöffeln Salz. Nach dem Erbrechen kann eine Aufschwemmung von etwa zehn Kohlekompretten eingeflößt werden. Milch wird nicht gegeben, weil verschiedene Gifte fettlöslich sind. Etwa vorhandene Hinweise auf die Art des Giftes ermöglichen eine rechtzeitige, gezielte tierärztliche Behandlung. Ungewisser sind die Aussichten, wenn Vergiftungsfolgen wie Krämpfe, Mattigkeit oder Brechdurchfall schon eingetreten sind, die Ursache aber nur vermutet werden kann. Eine genaue Diagnose ist oft erst durch Spätschäden wie Blutungen oder Haarausfall möglich. Dann kann es für eine Rettung bereits zu spät sein.

Durchfall ohne Fieber bessert sich häufig nach einem Fastentag: Der Hund erhält ausschließlich stark verdünnten Tee mit einer Prise Salz, aber ohne Zucker. Zur Geschmacksverbesserung ist Süßstoff erlaubt. Zusätzlich ist es nie verkehrt, eine Aufschwemmung von Kohlekompretten einzugeben. Keinesfalls darf Durchfall mit Wasserentzug „behandelt" werden; der Körper würde zu stark austrocknen. Am zweiten Tag erhält der Hund in kleinen Portionen ein Diätfutter, zum Beispiel Beefsteakhack, Schmelzflocken und rohen geriebenen Apfel. Am dritten Tag muß der Kot zumindest wieder dickbreiig sein.

Verstopfungen lassen sich oft durch rohe Leber oder Milz oder einige Teelöffel süßer Dosenmilch beheben. Bei krampfhaft vergeblichem Drängen kann ein Mikroklistier Erfolg bringen. Bei einer Verhärtung von Knochenteilen im Enddarm hilft allerdings meist nur ein fachgerechter Einlauf.

Erbrechen ist keine selbständige Krankheit. Einmaliges Erbrechen kann durch zu hastiges Fressen, zu kaltes Futter oder Aufnahme von Fremdkörpern ausgelöst werden. Gelegentliches Erbrechen ist beim Hund ohne große Bedeutung. Um zu erbrechen frißt der Hund häufig Gras. Geschieht das regelmäßig oder wird ständig das Futter erbrochen, muß ein Tierarzt hinzugezogen werden. Auch Durchfall und Erbrechen mit Fieber sind kein Fall für Hausmittel.

Scheinschwangerschaft tritt bei manchen Hündinnen etwa acht Wochen nach der Läufigkeit auf. Sie sind unruhig, „bemuttern" irgendwelche Gegenstände, fressen schlecht und erbrechen gelegentlich. Das Gesäuge schwillt, Milch bildet sich. Abhilfe schafft häufig wenig Fressen und Trinken bei viel Bewegung und Beschäftigung. Das Gesäuge kann mehrmals täglich mit kaltem Wasser befeuchtet werden, um Schwellung und Milchproduktion zu hemmen. Keineswegs soll die Milch ausgedrückt werden. Damit würde nur die weitere Milchbildung angeregt. Bei sehr starker Gesäugeschwellung und trotz Hausmitteln nicht nachlassenden Erscheinungen muß der Tierarzt verständigt werden. **Insektenstiche**, vor allem durch das Schnappen nach Wespen und Bienen verursacht, können schnell zu erheblichen Schwellungen am Kopf oder, noch schlimmer, im Rachen führen. Äußerliche Kühlung mit Eiswürfeln und eine Tablette gegen Allergie ersparen oft nicht die möglichst rasche tierärztliche Behandlung.

Alarmzeichen

Fieber ist eine Abwehrreaktion des Körpers, meist auf Infektionen. Die Hundenase kann auch beim kranken Hund feucht und kühl sein. Die Temperatur muß mit einem Fieberthermometer (je nach Modell bis zu fünf Minuten) im Mastdarm gemessen werden. Sie darf nicht über 39 °C liegen. Untertemperaturen unter 37,5 °C entstehen infolge einer Reduzierung der Stoffwechselvorgänge häufig vor dem Tod.

Husten, als ob ein Knochen im Hals säße, tritt bei Mandelentzündungen auf. Ernstere Infektionen wie Zwingerhusten oder gar Staupe könnten auch vorliegen. Pumpende Atmung entsteht durch eine Lungenentzündung, aber auch durch Wasseransammlung in der Lunge, zum Beispiel infolge von Vergiftungen. Bei alten Hunden kann der damit verbundene Husten auch auf eine Herzschwäche zurückzuführen sein. Bauchpressen und Aufblasen der Backen sind Zeichen höchster Atemnot.

Schleimhäute im Auge und im Fang geben Hinweis auf innere Erkrankungen: Blässe deutet auf Blut-

Zuchtgruppe aus Finnland

armut hin, Gelbfärbung auf Leberschäden mit Gelbsucht, Blutungen auf schwere Infektionen oder Vergiftungen, eine bläuliche Färbung tritt bei Herz- und Kreislaufschwäche auf.

Kot und Urin mit Blutbeimengungen lassen krankhafte Veränderungen erkennen. Bei Blutungen im Magen und in den vorderen Darmabschnitten kann der Stuhl durch das verdaute Blut pechschwarz aussehen.

Nierenerkrankungen können auch mit erhöhtem Durst verbunden sein. Wenn Mattigkeit und Mundgeruch hinzukommen, ist meist bereits eine Harnvergiftung eingetreten.

Harnsteine, Blasenriß oder Vergiftungen können dazu führen, daß überhaupt kein Urin mehr abgesetzt wird; dann besteht höchste Gefahr. Geschwülste, Prostatavergrößerungen und Mastdarmveränderungen erschweren den Kotabsatz. Verhärtete Knochenteile können den Enddarm völlig verstopfen. Erbrechen und zunehmende Mattigkeit bei fehlendem Kotabsatz sprechen für Darmverschluß oder einen Fremdkörper im Darm.

Speicheln wird im harmlosesten Fall durch Fremdkörper in der Maulhöhle oder durch lose Zähne verur-

Vor dem Richter

sacht, bedenklicher wäre eine E 605-Vergiftung oder Pseudowut, schlimmstenfalls ist an Tollwut zu denken.

Umfangsvermehrungen des Bauches bei sonst normalem Ernährungszustand oder zunehmender Abmagerung können durch Tumore oder Bauchhöhlenwasser hervorgerufen werden. Bei einer Gebärmuttervereiterung besteht gleichzeitig fast immer starker Durst, gelegentlich auch Scheidenausfluß. Eine plötzliche Aufblähung des Bauches mit Kolik und Kreislaufschwäche, bedingt durch eine Magendrehung, erfordert unverzügliche Operation. Eine Entzündung der Kaumuskeln mit Schwellung und Verhärtung sowie hervortretenden Augäpfeln muß sofort tierärztlich behandelt werden.

Infektionen bedrohen die Gesundheit

Staupe und ansteckende Leberentzündung (Hepatitis) sind Viruskrankheiten, die für Junghunde besonders gefährlich sind, aber auch ältere Hunde befallen. Staupe beginnt mit einem häufig kaum merkbaren, kurzen Fieber, dem nach etwa acht Tagen eine schwere Lungenentzündung mit eitrigem Augen- und Nasenausfluß oder ein Durchfall folgt.

Eine besondere Verlaufsform ist mit einer Verhärtung der Ballen verbunden. Nach scheinbarer Besserung treten nervöse Erscheinungen bis hin

zu Krämpfen auf, die meistens zum Tod führen. Nach überstandener Staupe bleibt häufig ein nervöses Zucken der Kopfmuskeln, der „Staupetick", nach Erkrankungen im Junghundealter das „Staupegebiß" mit erheblichen Zahnschmelzdefekten zurück. Die ansteckende Leberentzündung verläuft ähnlich, mit hohem Fieber, Apathie und Appetitlosigkeit. Hornhauttrübungen können bleibende Folgeschäden sein.

Stuttgarter Hundeseuche (Leptospirose) wird durch Bakterien verursacht und von Hund zu Hund übertragen. Sie beginnt häufig mit einer Schwäche in den Hinterbeinen. Geschwüre im Maul, Magen und Darm sind mit aasartig-faulem Maulgeruch und blutigem Durchfall verbunden.

Tollwut tritt bei Hunden nur noch selten auf. Die Seuche wird vor allem durch Füchse übertragen. Hinweisschilder warnen in gefährdeten Gebieten vor Tollwut. Die Krankheit ist besonders tückisch: Die typischen Wuterscheinungen mit heiserem Gebell, Wasserscheue, Unruhe und unmotivierter Beißwut fehlen häufig. Die „stille Wut" ist im Anfangsstadium schwer zu erkennen. Ein erkranktes Tier stirbt immer.

Parvovirose ist eine Viruskrankheit, die sich bei Hunden aller Altersgruppen in schweren, durch Erbrechen und Durchfall gekennzeichneten Erkrankungen äußert. Bei Welpen kann plötzlicher Herztod auftreten. Der Erreger ähnelt dem Katzenseuchevirus; eine wechselseitige Ansteckung zwischen Hund und Katze ist jedoch nicht möglich. Die Ansteckung erfolgt über Ausscheidungen von Hund zu Hund, aber auch durch Verschleppung angetrockneter Ausscheidungen, zum Beispiel an Kleidungsstücken.

Impfungen schützen vor diesen Infektionskrankheiten

Welpen in gefährdeten Zuchten oder ungeimpfte Hunde mit verdächtigen Krankheitserscheinungen können mit einem Serum behandelt werden, das fertige spezifische Abwehrstoffe enthält. Diese „passive Immunisierung" schützt aber nur für zwei bis drei Wochen. Der Käufer eines Hundes sollte den Impfpaß daraufhin genau prüfen.

Länger dauernden Schutz vermittelt nur die „aktive" Schutzimpfung. Dabei werden abgeschwächte oder abgetötete Infektionserreger eingeimpft. Der Körper reagiert darauf mit der Bildung eigener Abwehrstoffe. Bei den heute üblichen Kombinationsimpfstoffen kennzeichnen die Buchstaben S, H, L, T und P die Wirksamkeit gegen die in Frage kommenden Seuchen. Welpen werden mit sechs bis acht Wochen das erste

Mal geimpft und müssen dann mit etwa zwölf Wochen nach Impfplan nachgeimpft werden. Auch bei älteren, noch nicht geimpften Hunden empfiehlt sich eine zweimalige Grundimmunisierung, um einen umfassenden Impfschutz gegen alle Infektionskrankheiten aufzubauen.

Der einmal gebildete Impfschutz baut sich im Laufe der Zeit ab. Kommt der Hund mit betreffenden Seuchenerregern in Berührung, so wird die Antikörperbildung aufgefrischt. Ist der Impfschutz aber bereits zu stark abgesunken, kann der Hund erkranken.

Deshalb sind regelmäßige Auffrischungsimpfungen erforderlich, am besten jährlich mit einem Kombinationsimpfstoff. Denn die Tollwutimpfung wird ohnehin nur für ein Jahr anerkannt, die Leptospiroseimpfung wirkt nicht länger, und gegen die seit einiger Zeit wieder bedrohlich zunehmende Staupe gilt es, auf Nummer Sicher zu gehen.

Ein sicherer Impfschutz des Hundes ist auch für den Menschen wichtig. Erkrankte Hunde können Leptospiren übertragen, die beim Menschen das „Canicola-Fieber" oder die „Weilsche Krankheit" hervorrufen. Hundetollwut ist wegen des engen Kontaktes für Menschen viel gefährlicher als Wildtollwut. Geimpfte Hunde übertragen keine Tollwut. Nach einem Kontakt mit verdächtigem Wild brauchen sie deshalb auch nicht getötet zu werden, wie dies für ungeimpfte Hunde gesetzlich vorgeschrieben ist.

Gegen andere Infektionen schützt Vorsicht

Toxoplasmose wird durch einzellige Schmarotzer hervorgerufen. Ihr Stammwirt ist die Katze. Bei anderen Tieren werden ansteckungsfähige Dauerformen gebildet. Hunde erkranken überwiegend durch infiziertes Schweinefleisch. Für die Ansteckung des Menschen wurden sie früher zu Unrecht verantwortlich gemacht.

Aujeszkysche Krankheit wird ebenfalls durch Schweinefleisch übertragen. Unstillbarer Juckreiz, Unruhe, Ängstlichkeit und Speichelfluß haben gewisse Ähnlichkeit mit Tollwut. Die Krankheit wird daher auch „Pseudowut" genannt. Schweinefleisch und in der Zusammensetzung unbekannte Fleischmischungen, zum Beispiel aus Supermärkten, müssen deshalb gut durchgekocht werden. Fertigfutter und Rindfleisch sind dagegen unbedenklich.

Zwingerhusten tritt vor allem in Tierheimen und Hundehandlungen auf. Unter begünstigenden Umständen lösen Viren und Bakterien gemeinsam Entzündungen von Luftröhre und Bronchien aus. Kennzeichnend ist ein kurzer, trockener Husten. Sekundärinfektionen können den Krankheitsverlauf verschlimmern. Während des Urlaubs sollte man seinen Hund nicht in unbekannte Heime oder Pensionen geben oder ihn vorsorglich auch gegen Zwingerhusten impfen lassen.

Wurmkuren gegen unerwünschte Kostgänger

Spulwürmer können bei Junghunden zu Verdauungs- und Entwicklungsstörungen, zu Vergiftungserscheinungen und sogar zum Tod führen. Fast alle Welpen werden im Mutterleib mit Spulwürmern infiziert. Die ersten Wurmkuren soll schon der Züchter durchführen. Junghunde werden vierteljährlich entwurmt. Ältere Hunde beherbergen nur noch einzelne Würmer. Sie richten zwar keinen großen Schaden an, sind aber eine ständige Infektionsquelle. Hündinnen sollten zumindest sechs Wochen nach jeder Läufigkeit, Rüden mindestens einmal jährlich entwurmt werden.

Bei festgestelltem Wurmbefall ist eine sofortige Entwurmung mit einer Wiederholungsbehandlung nach zwei bis drei Wochen erforderlich. Rohe Möhren garantieren keine Wurmfreiheit. Wirksame und verträgliche Mittel sind verschreibungspflichtig. Sie wirken auch gegen andere Rundwurmarten, zum Beispiel gegen Hakenwürmer. Spulwürmer sind auf ihre Wirtstierarten spezialisiert; wenn der Mensch Hundespulwurmeier aufnimmt, schlüpfen zwar Larven und beginnen ihre Wanderung im Körper, sie bleiben jedoch in Organen oder Muskeln stecken und können dort schmerzhafte Entzündungen verursachen. Besonders gefährdet sind „Krabbelkinder". Wurmkuren dienen daher auch dem Gesundheitsschutz der Familie.

Bandwürmer brauchen für ihre Entwicklung stets einen Zwischenwirt. Für den Hundebandwurm ist dies der Floh. Er nimmt die Wurmeier auf, aus denen sich eine Finne entwickelt. Der Hund „knackt" den Floh, die Finne wächst im Hundedarm zum fertigen Bandwurm aus. Mit dem Kot erscheinen nach geraumer Zeit einzelne kürbiskernförmige, anfangs noch bewegliche Bandwurmglieder oder ein längeres, deutlich gegliedertes Wurmende. Es gibt heute neben speziellen Spulwurm- und Bandwurmmitteln auch Präparate, die gegen beide Parasitenformen wirksam und dabei gut verträglich sind. Empfehlenswert ist eine systematische vierteljährliche Bandwurmbehandlung des Hundes. Zur Bandwurmkur gehört stets eine Flohbehandlung von Hund und Lager.

Besonders bei Jagdhunden kann auch der „gesägte Bandwurm" auftreten, dessen Zwischenwirte Hasen und Kaninchen sind. Andere Bandwurmarten, die durch Fisch oder Wild, Rinder- oder Schafeingeweide über-

tragen werden, kommen seltener vor. Dazu zählt der „dreigliedrige Bandwurm", der auch dem Menschen gefährlich werden kann. Der Hund sollte zur Vorbeuge keine rohen „Konfiskat"-Innereien erhalten und daran gehindert werden, Kadaver von Wildtieren anzufressen.

Für Menschen besonders gefährlich ist der vor allem in einigen Gegenden Mittel- und Süddeutschlands verbreitete „Fuchsbandwurm", der auch durch Hunde übertragen werden kann. Neben regelmäßigen Bandwurmkuren ist es die beste Vorbeuge, den Hund in Wald und Flur anzuleinen.

Gefahren für die menschliche Gesundheit?

Impfungen und Wurmkuren schränken Ansteckungsgefahren ein. Hygiene tut ein übriges: Selbstverständlich hat der Hund sein eigenes Lager und Futtergeschirr; beides ist peinlich sauber. Rasen und Wege werden von Hundekot freigehalten. Der Hund wird so erzogen, daß er das Gesicht nicht ableckt. Das Belecken der Hände ist Ausdruck seiner Zuneigung. Man darf sie dulden, denn man kann sich die Hände anschließend waschen. Vorsichtige können Lager, Hütte und andere hygienegefährdete Stellen und Gegenstände regelmäßig desinfizieren. Die Mittel sollen gegen Viren, Bakterien und Pilze wirken.

Zur Schnelldesinfektion eignet sich besonders ein Spray, der auch Ektoparasiten abtötet.

Besonders angezeigt sind solche Maßnahmen, wenn der Hund eiternde Wunden, Ekzeme, Furunkel oder eine Vorhaut-, Zahnfleisch- oder Mandelentzündung hat. Diese Infektionen sind konsequent zu behandeln. Eitererreger können auch beim Menschen Komplikationen verursachen.

Vorsicht ist stets bei schlecht heilenden oder sich ausbreitenden Ekzemen geboten: Räudemilben sind zwar auf Tierarten „spezialisiert", können jedoch auch beim Menschen juckende Hautrötungen verursachen. Hautpilzinfektionen sind auf Menschen übertragbar.

Daher sollte man umgehend eine Spezialuntersuchung und Behandlung veranlassen. Pilzinfektionen entstehen nur, wenn sich die Erreger länger als 12 bis 24 Stunden auf der menschlichen Haut einnisten können. Gründliches Waschen bannt die Gefahr. Zusätzliche Sicherheit bietet ein Handdesinfektionsmittel, das nach Berührung verdächtiger Stellen oder Ausscheidungen in die Hände eingerieben wird.

Bereit zum Abflug!

Allergien sind auch durch größte Sauberkeit nicht immer zu vermeiden. Einige Menschen reagieren bei Kontakt mit Tierhaaren und -hautteilen mit Ausschlägen oder Atembeschwerden. Katzen, Meerschweinchen und Vögel sind viel öfter als Hunde die Auslöser; viele andere pflanzliche und tierische Stoffe kommen hinzu. Die Allergieursache kann von einem Hautarzt durch Spezialtests auf der Haut ermittelt werden. Auf Verdacht braucht also kein Hund abgeschafft zu werden. Und vor der Anschaffung eines Riesenschnauzers brauchen auch gesundheitsbewußte Hundefreunde nicht zurückzuschrecken.

Der Riesenschnauzer im Alter

Schnauzer und Pinscher gelten als robuste Rassen mit einer entsprechend hohen Lebenserwartung.

Der Riesenschnauzer erreicht in der Regel ein Alter von 12 Jahren, ..sofern nicht Krankheit oder äußere Einwirkung diese Erwartung verringern.

Natürlich besteht auch die Möglichkeit, unseren Riesenschnauzer 14 Jahre um uns zu haben; man sollte aber die Realität im Auge behalten.

Der Riesenschnauzer ist eigentlich ein Leben lang agil und verspielt.

Nach dem Motto: Arbeit hält jung und aufnahmebereit, vertrete ich die Meinung, auch mit dem älter werdenden Hund zu trainieren. Erfahrungsgemäß wird die harte Arbeit innerhalb des Leistungskataloges der

Ein Charakterkopf

Prüfungsordnung – und hier speziell die Schutzhundprüfung – zwischen dem achten und zehnten Lebensjahr zurückgefahren.

Begleithundprüfungen, Wachhundausbildung, Rettungshundtauglichkeitsprüfung und vor allem die Schulung als Fährtenhund kann nun in den Vordergrund gerückt werden.

Lange Spaziergänge gefallen unserem älteren Familienmitglied genau wie kürzere Fahrradtouren (3–4 km).

Als Wassernarr steht er auch einer Schwimmstunde bestimmt nicht abweisend gegenüber.

Wichtig bleibt bis zu seiner letzten Stunde vor allem das Beisammensein mit seinem Führer und seiner Familie. Kuscheln und schmusen wird auch für einen alten Vertreter dieser Rasse immer im Vordergrund stehen.

Wenn irgend möglich, sollte man auf die stete Begleitung seines alten Riesen keinesfalls verzichten.

Anhang

Anschriften, die Sie kennen sollten

Verband für das Deutsche
Hundewesen e. V. (VDH)
Westfalendamm 174
44141 Dortmund

Pinscher-Schnauzer-Klub 1895 e. V.
Barmer Straße 80
5630 Remscheid-Luttringhausen

Vorstand:

1. Vorsitzender:
Arnold Dierkes
Feldstr. 59
49596 Gehrde
Tel. 0 54 39/12 46
Fax 0 54 39/36 05

2. Vorsitzender:
Theo Hunecke
Auf der Löh 3
41372 Niederkrüchten
Tel. 0 21 63/36 54
Fax 0 21 63/3 12 06

3. Vorsitzender:
Hans Thiem
Bayreuther Str. 8a
95463 Bindlach
Tel. u. Fax 0 92 08/10 66

Hauptzuchtwart:
Peter Burtzik
Oderstr. 55
26388 Wilhelmshaven
Tel. 0 44 21/5 12 34
Fax 0 44 21/5 12 32

Richterobmann:
Walter Schicker
Oberer Weinberg 5
34212 Melsungen
Tel. u. Fax 0 56 61/16 21

Schatzmeister:
Hermann Voigt
Kemperweg 71
48157 Münster
Tel. u. Fax. 02 51/2 44 18

Sportbeauftragter:
Ludwig Hornsmann
Wischhörn 33
25436 Uetersen
Tel. u. Fax. 0 41 22/4 81 04

Jugendhandling u. Breitensport:
Peter Schoen
Schulstr. 22
90513 Zirndorf
Tel. 09 11/60 17 02

Beisitzer:
Margrit Roloff
Talstraße 22
45549 Sprockhövel
Tel. 0 23 39/77 82
Fax 0 23 39/56 47

Vorsitzende der Landesgruppen:

Baden
Wolfgang Dorwarth
Hildastr. 8
75015 Bretten
Tel. 0 72 52/72 66

Bayern:
Hans Thiem, siehe oben

Berlin:
Dr. Susanna Keil
Gneisenaustr. 46
10961 Berlin
Tel. 0 30/6 91 61 65

Hessen:
Hans Karl Schneider
Baumgartenweg 31
35415 Pohlheim
Tel. 0 60 04/7 38

Niedersachsen:
Rüdiger Ahrendts
Goethestraße 1
38350 Helmstedt
Tel. 0 53 51/4 07 94

Nordmark:
H. J. Kubczyk
Am Borg 11
21224 Rosengarten
Tel. 0 41 08/78 61

Rheinland:
Theo Hunecke, siehe oben

Rheinl.-Pfalz/Saar:
Fr. Machauer
Am Bellenplatz 23
68753 Waghäusel
Tel. 0 72 54/14 39

Westfalen:
Matthias Hallermann
Voltastr. 25
44879 Bochum
Tel. 02 34/41 37 94

Weser-Ems:
Peter Burtzik, siehe oben

Württemberg:
Norbert Falkner
Kirchheimer Str. 163
73265 Dettingen
Tel. 0 70 21/5 19 79
Fax 0 70 21/86 33 94

Brandenburg:
Volker Eisenschmidt
Teltowstr. 3
15831 Mahlow
Tel. 01 77/2 02 00 85

Mecklenburg-Vorpommern:
Werner Allert
Pisede 3a
17139 Malchin
Tel. 0 39 94/63 24 38

Sachsen-Anhalt:
Günter Felsche
Dornburger Str. 8
39245 Gommern
Tel. 03 92 00/5 35 40

Sachsen:
Dietmar Buss
Schönbörnchner Weg 35
08371 Glauchau

Thüringen:
Guido Schulze
Hinterdorfstr. 41
99735 Großwechsungen
Tel. 0 36 33/53 70

Weiterführende Literatur aus dem Parey Buchverlag Hamburg und Berlin

BEYERSDORF, P., 1997: Dein Hund auf Ausstellungen. 3. Auflage

BURTZIK, P., 1996: Erziehung und Ausbildung des Hundes. 5. Auflage.

FIEDELMEYER, L., 1983: Kauf, Pflege und Fütterung des Hundes. 3. Auflage.

HEGENDORF, 1980: Der Gebrauchshund. Haltung, Ausbildung und Zucht. 14. Auflage

KOBER, U., PEPER, W., 1995: Pareys Hundebuch. 2. Auflage.

POORTVLIET, R., 1987: Mein Hundebuch. 2. Auflage.

QUEDNAU, F., 1987: Rechtskunde für Hundehalter.

SCHMIDTKE, H.-O., 1984: Gesundheitsfibel für Hunde. 2. Auflage.

WEIDT, H., 1996: Der Hund, mit dem wir leben: Verhalten und Wesen. 3. Auflage.

Bildnachweis

Seiten 2, 10
ROLF HINZ, Wedel

Seiten 12, 13, 22, 83, 94, 97, 100
PAULA HEIKKINEN-LEHKONEN, Luthikylä

Seiten 78, 80
ROBERTO Tierfotografie, Gronau

Seite 84
ANDREAS REINHARD, Berlin

Alle übrigen Abbildungen stammen vom Verfasser

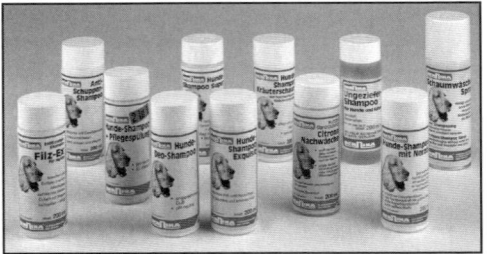